Eva-Maria Zander
Aufstehen in der Weiblichkeit

Eva-Maria Zander

Aufstehen in der Weiblichkeit

Wie Frau *und* Mann Seele, Herz und Mitgefühl ins Leben bringen

Bücher haben feste Preise.

1. Auflage 2022

Eva.Maria Zander
Aufstehen in der Weiblichkeit

Umschlag:
Foto: altafulla/shutterstock.com
Gestaltung: Dragon Design, GB

Zeichnungen: Susanne Hansen, www.hilgra.de

Satz und Gestaltung:
Dragon Design, GB
Gesetzt aus der Minion

Gesamtherstellung: Appel & Klinger, Schneckenlohe
Printed in Germany

ISBN 978-3-89060-806-8

Neue Erde GmbH
Cecilienstr. 29 · 66111 Saarbrücken
Deutschland · Planet Erde
www.neue-erde.de

Führungswechsel

Vom Mond
schaue ich auf die Erde.
Das Herz weit
Mitgefühl füllt mich aus.
Leere? Fülle?
Kein Widerspruch!
Alles Eins
alles rund.
Das eigene Männliche folgt
dem Weiblichen in mir
in Demut.

Eva-Maria Zander

Inhalt

Einführung

Liebe Leserin, lieber Leser, –
dieses Buch schreibe ich aus Mitgefühl für das, was zur Zeit in unserer Welt geschieht; gleichzeitig möchte ich Sie anstecken mit meiner Freude, dass uns hier und heute etwas ganz anderes, etwas Neues möglich ist. Viele Menschen sehnen sich nach einem »normalen« Zustand der »Vor-Corona – Zeit« zurück. Aber was haben wir als »normal« angenommen? Empfinden wir eine Welt sozialen Ungleichgewichts, eine Welt, die auf Konkurrenzdenken ausgerichtet ist und immer nur Gewinner und Verlierer hervorbringt, als »normal«? Viele sind erschöpft, freudlos, fühlen sich eingeengt und ohnmächtig der Willkür eines Systems ausgesetzt, das schon lange nicht mehr das Wohl seiner Bürger priorisiert. Wie konnte es dazu kommen? Warum haben wir das zugelassen?

Unsere Welt muss weiblich werden! Es ist nicht damit getan, dass Frauen vermehrt Führungspositionen einnehmen, es geht um die Weiblichkeit in Frau und Mann. Auch Frauen sind männliche Pfade gegangen, um sich in dieser Welt behaupten zu können. Ich sehe nicht, dass die ursprüngliche Weiblichkeit von Frauen selbstbewusst neben die Männlichkeit gestellt wird und sich Ausdruck verleiht. Ganz im Gegenteil, wir alle kämpfen hier mit den Ellenbogen und lassen uns von überholten patriarchalen Herrschaftsstrukturen instrumentalisieren.

Der Weg heraus ist ein *Aufstehen in der Weiblichkeit*. Wie es gelingen kann, zeige ich in diesem Buch. Es sind meine Erfahrungen, die mein Wissen ausmachen. So bringe ich mich hier mit meiner inneren weiblichen Führung ein – auf gleicher Ebene und in liebevoller Kooperation mit meiner mir innewohnenden Männlichkeit.

Liebe Leserin, lieber Leser, lassen Sie sich inspirieren und mitnehmen zu einem neuen Miteinander: in Ihrem Inneren und in unser aller Außen. Sie werden erstaunt sein, wie sehr wir uns alle begrenzt haben und was uns möglich ist.

Eva-Maria Zander

Teil I

Unsere Ausgangssituation

Wandel

Er ist da
Lasst ihn uns begrüßen
Lasst uns ihn begrüßen

Alles jetzt gestalten
Lasst uns unsere Freude
auf das Neue
Ausdruck verleihen

Liebe, Freiheit und Achtung
sind das Fundament

Lasst uns Angst, Hass
Trennung, Ungleichheit
Ausbeutung und Unterdrückung
abstreifen in uns

Damit ist der Weg frei
für Mitgefühl und
Menschlichkeit

Lasst nicht zu
von Angst bestimmt zu sein

Führung übernimmt unser Herz
die weibliche Seite in uns
Sie führt den angst- und trennungsgeprägten
männlichen Verstand in die Einheit

Nur aus der Verbundenheit
mit allen und allem
erwächst die Freiheit

Diese Freiheit ist Liebe
und sie zeigt sich im Mitgefühl

Kapitel 1: Das Weibliche als Türöffner

Haben Sie schon einmal eines dieser Überraschungspakete erhalten und wieder ein Paket entdeckt, als die äußere Verpackung gelöst war? Und nun hatten Sie richtig zu tun: Schicht um Schicht wartete darauf, ausgepackt zu werden. Vielleicht wurden Sie auch etwas mutlos, und es kamen Bedenken auf. Vielleicht würde am Ende überhaupt nichts anderes zum Vorschein kommen als immer nur Verpackung?

Auch wir Menschen sind solche Überraschungspakete, nur, dass Sie hier keine Mogelpackung vorfinden werden. Wenn wir uns endlich erlauben, den Blick nach innen zu wenden, erfahren wir diese Schichten, die nur darauf warten, geöffnet zu werden. Zu lange waren sie fest verschnürt – aus Angst vor dem Inhalt. Jede Schicht will angesehen und gelöst werden. Das ist ein Prozess, in dessen Verlauf der Mensch an Verständnis und Zuneigung für sich selbst und für andere gewinnt.

Und ist am Ende alles ausgepackt, dann sehen Sie ein Juwel im Inneren glänzen. Sie erfahren Ihr wahres Wesen und verlieren Ihre Angst. Sie lassen sich ganz neu auf das Leben ein, das Ihnen nun freundlich gesinnt erscheint, was Sie vorher nicht erkennen konnten. Bei allen äußeren Widrigkeiten spüren Sie in sich eine tiefe Ruhe und Lebensfreude.

Und da setzt dieses Buch an. Um Ihr wahres Wesen zu erkennen, ist Ihre weibliche Seite gefragt. Sie ist der Türöffner für unser strahlendes Selbst. Diese Schönheit in jedem von uns ist rein, unschuldig, frei und schöpferisch. Die Essenz unseres Wesens ist bedingungslose Liebe und Mitgefühl. Sie gewinnen das Wichtigste, das uns Menschen ausmacht, nämlich Ihre Eigenmacht. Nichts von außen kann Sie dann noch in irgendeiner Weise manipulieren, und Sie selbst haben jegliches Interesse daran verloren, über andere bestimmen zu wollen.

Aber die Weiblichkeit liegt am Boden. Die Jahrtausende währende vehemente Unterdrückung des ursprünglich Weiblichen hat uns diesen

Zugang zu uns selbst, zu unserer eigenen Mitte verschlossen. Es geht um ein Aufstehen in der Weiblichkeit.

Alles, was Sie in diesem Buch lesen, basiert auf meinen eigenen Erfahrungen. Es ist kein angelesenes Wissen. Die Weisheit des Herzens ist nur über den Weg der eigenen Erfahrungen zu erlangen. Ich stehe dafür ein, dass es möglich ist, diese Liebe zu sich selbst zu entfalten. Das ist etwas, das uns allen so schwer fällt. Es ist die Grundlage für die Liebe zu anderen, zu den Tieren, Pflanzen und unserer Erde. Ich mache Ihnen Mut, sich auf sich selbst einzulassen. Entdecken Sie Ihre eigene Schönheit, die aus Ihrem Inneren strahlt. Genießen Sie es, nicht mehr von außen fremdbestimmt zu sein, indem Sie sich von Ihrer inneren Stimme, Ihrer weiblichen Intuition leiten lassen.

Kapitel 2: Die vermeintliche Spaltung

Jeder von uns besitzt je zur Hälfte weibliche und männliche Anteile. Unsere linke Gehirnhälfte kontrolliert die rechte, die männliche Körperseite, und entsprechend ist die rechte Gehirnhälfte für unsere linke, die weibliche Körperseite zuständig. Je nachdem, ob wir als Frau oder als Mann geboren sind, bevorzugen wir in der Regel die entsprechenden damit einhergehenden Eigenschaften. Die Qualität des vermeintlich gegensätzlichen Anteils in uns erscheint zunächst einmal fremd. Um in der eigenen Mitte zu ruhen, gilt es, alle Anteile in uns zu integrieren. Das, was wir abspalten, was wir verdrängen, bringt uns aus dem Gleichgewicht.

Jetzt ist es aber so, dass niemand mehr mit dem ursprünglich Weiblichen so recht etwas zu tun haben will. Es ist behaftet mit Schwäche

und Unproduktivität; ist unsere Welt doch männlich und auf Effizienz, auf Profit ausgerichtet. Alles ist zweckgebunden und muss sich rechnen. Der Wert wird genau kalkuliert.

Das steht zunächst einmal im Gegensatz zur weiblichen Qualität des Miteinanders, der Fürsorge, des Nährens und der Nachhaltigkeit. Augenscheinlich gibt es keine Lösung, und so leiden wir an diesem Ungleichgewicht, das wir täglich erfahren. Uns werden die Extreme vor Augen geführt, aber es gibt eine Mitte, und zu dieser Mitte startet unsere Expedition.

Die Empörung über Unrecht und Leid im Außen ist nur zu verständlich, führt jedoch nicht zum Erfolg. Ein tieferes Verständnis, was uns ausmacht, ist jetzt entscheidend für jeden einzelnen. Der Weg ins Innere führt über die Versöhnung der vermeintlichen Gegensätze in Frau und Mann. Es ist ein individueller Weg, der zur Verbundenheit führt, zum *Einssein*. Es haben sich Frauen und Männer bereits auf den Weg gemacht und widmen sich beharrlich dem Projekt dieses inneren Friedens, um ihn im Außen zu leben.

Was hat es mit der ursprünglichen Qualität von Weiblichkeit auf sich? Wie konnte es dazu kommen, dass wir sie so unterdrückt und abgespalten haben? Was sind die ursprünglichen männlichen Eigenschaften? Wie kann beides in Einklang kommen? Diesen Fragen bin ich nachgegangen und lade Sie ein, sich für eine neue Sichtweise zu öffnen und sich im Zuge dessen einzufühlen in die Weisheit Ihres Herzens.

Dieses Buch zeigt den Weg zurück. Frauen und Männer sind sich mehr ähnlich als verschieden. Es geht um einen inneren Führungswechsel in jedem von uns.

Kapitel 3:
Weiblichkeit – unsere linke Körperhälfte

Das ursprünglich Weibliche ruht in sich, es ist sich selbst genug. Das Weibliche weiß um seinen Ursprung und ist über das Herz mit der eigenen Seele verbunden. Es lässt sich von seiner Intuition führen und ist in seiner Ursprünglichkeit nicht von außen zu verführen und zu manipulieren. Es verkörpert das *Sein.* Das ist sehr wichtig, denn aus sich selbst heraus weiß das Weibliche, dass die eigene Würde unantastbar ist. Es ist nicht auf die Bestätigung von außen angewiesen und bleibt sich auch bei Ablehnung und Angriffen von außen treu.

Die Seele ist makelos rein, unschuldig, strahlend und mit der ewigen »Quelle von allem, was ist« verbunden. So kommt das Weibliche zu ganz anderen Lösungen, die weit über den Verstand hinausgehen. Wir haben über das Herz Zugang zu unserer Urschöpferkraft und zu unserem immensen Potential. Hier ist der Sitz unserer Gefühle, hier erfahren wir unsere Zartheit, unsere Verletzlichkeit, unsere Weichheit, unser Mitgefühl für uns selbst und damit auch für andere. Das Weibliche kann abwarten und Dinge sich aus sich selbst heraus entwickeln lassen. Diese Ruhe und Gelassenheit entspringt der tiefen Verbundenheit mit der eigenen Ursprungsquelle, die nur intuitv erfahrbar ist. Die Weisheit des Herzens fühlt die Einheit – nicht nur der großen Menschenfamilie, sondern die Einheit allen Seins. Da das Herz mit der Ewigkeit verbunden ist, kennt es keine Angst. Es weiß, dass mit dem physischen Tod nur eine andere Tür sich öffnet. Denn wir sind nicht ein Körper mit einer Seele, sondern wir sind die Seele, die sich im Gewand eines Körpers befindet. Mit dem Tod hier auf Erden streifen wir dieses Gewand wieder ab, ein Prozess, bei dem wir jedoch nicht verlorengehen. Wir leben ewig auf einer anderen Ebene.

Die Verbundenheit, die das Weibliche ausmacht, dieses Erfahren der Ganzheit, lässt keine Kriege zu, keine Machtansprüche, keine Opferrolle. *Der andere bin ich selbst* – das ist die Liebe der Weiblichkeit. Und damit nicht genug, sie lebt auch die Verbundenheit zur Natur und zur Erde. So ist alles Bestreben auf ein liebevolles Miteinander ausgerichtet, auf Fürsorge, Achtsamkeit und Zusammenhalt. Das Weibliche weiß, dass alles aus Kreisen besteht, alles sich am Ende wieder zusammenfügt. Ausbeutung und Ressourcenvernichtung haben aus dieser Sicht keine Chance. Das Weibliche geht sanft über die Erde und ist einfach natürlich. Es ist zutiefst menschlich, auf Versöhnung und Vergebung angelegt und weiß, dass alles Polaritätsdenken Illusion ist. Alles ergänzt sich in wunderbarer Weise und wird von einer höheren Intelligenz gesteuert. An diese Intelligenz gibt sich das Weibliche hin, es lässt sich führen.

Allein liegen diese wunderbaren Qualitäten im *Unbewussten.* Wir haben sie verdrängt, unterdrückt, ja abgespalten. Wir haben uns so daran gewöhnt, ohne diese essentielle Verbindung zu unserem Seelen-Selbst zu leben, dass wir gar nicht mehr wissen, was uns eigentlich fehlt. Diese Unterdrückung unserer weiblichen Eigenschaften führt dazu, dass wir sie in deformierter Form leben. Statt Hingabe ans Leben Unterwürfigkeit, statt Liebe Eifersucht und manipulativer Einsatz weiblicher Qualitäten. Es zeigen sich Bevormundung, Trägheit, Passivität und Launenhaftigkeit, und der Sinn für Schönheit gerät nicht selten auf Abwege.

Diese Urkraft des Weiblichen, die für die nach außen gerichtete Wahrnehmung nicht sichtbar ist, haben die Mächtigen schon immer gefürchtet. Immer schon haben sie gewusst, dass ihnen ihre Macht über andere verlorenginge, sobald die Menschen ihren Ursprungsfaden wieder aufnähmen: das heißt, sobald sie über das Herz die Verbundenheit mit ihrer Seele wieder herstellten. So ist alle Macht auf Trennung und Spaltung angelegt, sie setzt auf Angst. Nur die Bewusstheit über die Illusion dieser Polarität, die sich so stark in der Welt manifestiert hat, zeigt den Weg hinaus in eine neue Lebensweise.

Kapitel 4: Männlichkeit – unsere rechte Körperhälfte

Die wunderbaren ursprünglichen Qualitäten des Männlichen sind Tatkraft, Zielstrebigkeit, Durchsetzungsvermögen, Freiheit, Abenteuerlust, Unternehmergeist. Hier ist der Sitz der Logik, des Verstandes, des analytischen Denkens. Mit Hilfe dieser Qualitäten lernen und forschen wir. Das Männliche zeigt sich im *Tun*, verfolgt einen Zweck und will stets ein Ziel erreichen. Es ist linear angelegt und an Raum und Zeit gebunden. Hier geht es um These und Antithese, um das Entweder-Oder. Das Männliche ist in seiner Ursprünglichkeit *Bewusstsein*. Mit Hilfe des männlichen Verstandes sind wir in der Lage, uns unserer Erfahrungen bewusstzuwerden und sie einzuordnen.

Das Männliche sichert unser Überleben. Dafür kennt es drei Verhaltensmaximen: Kampf, Flucht und Erstarrung. Diese Strategien sind erfolgversprechend, wenn wir körperlich bedroht werden. Der männliche Verstand reagiert dann sofort. Er scannt alles bereits Erlebte ab und vergleicht es mit der jeweiligen Situation. Dabei wird im Sekundenbruchteil sortiert: bedrohlich, nicht bedrohlich, negativ, positiv. Die Reaktion erfolgt im Nu: Wir können nicht anders, als die Flucht zu ergreifen oder uns dem Angriff wehrhaft zu stellen.

Heutzutage ist es aber so, dass wir eher selten körperlich bedroht werden, sondern dass vielmehr unser Selbstbild einen Angriff erfährt. Wenn das Bild, das wir von uns selbst haben, ins Wanken gerät, laufen diese Schutzmechanismen des Verstandes ebenso blitzschnell ab. Wir sind dann oftmals über unsere Reaktionen erschrocken. Aber der Verstand hat dieses Verhalten mit einer ähnlichen Situation verglichen, die in der Regel lange zurückliegt und uns nicht bewusst ist. So gehen wir auf den vermeintlichen Angreifer los, der aber nur etwas in uns zum Schwingen gebracht hat, das an alte Verletzungen rührt. Wir reagieren mit Abwehr oder Flucht, auch wenn der Auslöser für dieses Verhalten in keinem Verhältnis zu unserer Reaktion steht.

So liegen auch die wunderbaren Qualitäten des Männlichen im *Unbewussten,* denn nur, wenn wir uns bewusstwerden, was die Ursprungssituation war, die unser Verhalten hervorruft, können wir uns aus diesen alten Reaktionsmustern lösen. Solange wir das nicht angehen, können wir nicht wirklich frei unsere Wahl treffen, wie wir mit einer Situation umgehen. Wir sind dann in längst überholten Prägungen verhaftet und im Unbewussten gefangen.

Entscheidend ist: Das Aufspüren dieser Muster führt zu alten Verletzungen, die wir verdrängt haben. Jetzt ist der männliche Verstand aufgefordert zu fühlen, was so gar nicht seinem Wesen entspricht. Er ist aufgefordert, sich der inneren weiblichen Seite zu öffnen. Dieses Einfühlen in die eigene Befindlichkeit führt zum Verständnis und Mitgefühl für sich und andere. Das heißt, nur über die Anbindung an das weibliche Fühlen erlangt der männliche Anteil in uns seine Rückverbindung an das Herz, an die Seele, an den eigenen Ursprung.

Diese Aufgabe haben wir uns als Menschheit bisher nicht gestellt, mit der Konsequenz, dass der männliche Verstand in uns zunehmend an Dominanz gewann. Abgekoppelt von der weiblichen Fähigkeit, sich zu verbinden, steht er für die Trennung. Da er sich mit Gefühlen nicht befasst, ist er in seiner extremen Form skrupellos auf immer mehr aus: mehr Einfluss, mehr Macht, mehr Profit. Für den vom Weiblichen abgekoppelten Verstand ist es nie genug. Er kommt nicht zur Ruhe, ist immer in Bewegung und in einem ständigen Gedankenkreislauf. Um seine Ziele zu erreichen, schreckt er nicht vor Ausbeutung und Zerstörung zurück. Ihm fehlt die Rückverbindung an die eigene Seele, an das Sein. Denn das Weibliche weiß, dass der Wert sich anders bemisst, und erkennt die Sinnhaftigkeit unseres Lebens. Der Wert ist die Freiheit, sind Unantastbarkeit und Makellosigkeit des Seelen-Selbst, die Verbundenheit in bedingungsloser Liebe. Diese Liebe ist in jedem von uns, aber sie schlummert im Verborgenen in einem Kellerverlies.

Das ist es, was wir derzeit hier in unserer Welt in extremer Form erleben. Trennung und Spaltung nehmen immer bizarrere Formen an. Arme und Reiche, Mächtige und Ohnmächtige, Befürworter und Gegner stehen sich in einem scheinbar unüberwindbaren Gegensatz gegenüber. Die Umwelt, das Klima, der Zustand unserer Erde sind an einem Punkt angekommen, an dem der Wandel unvermeidlich ist. Die Zeit ist reif für eine dritte Perspektive. Es gibt nicht nur These und Antithese, es gibt auch die weise leise Stimme in unserem Herzen, die ganz andere Wege in Augenschein nimmt. Zu ihnen hat der Verstand keinen Zugang. Er ist auf die Führung aus dem weiblichen Herzen heraus angewiesen, will er erfahren, dass es nichts zu erkämpfen gilt. Das mag jetzt utopisch erscheinen. Aber im Gegensatz zum Verstand kennt das Herz keine Begrenzung, keine Bewertung und ist vollkommen in der Einheit. Hier ist ein Gegeneinander nicht denkbar. Das Weibliche hat Vernichtung und Krieg hinter sich gelassen, ist auf Versöhnung und Vergebung aus und kennt das Sowohl-als-Auch.

Kapitel 5: Das Zusammenspiel dieser Kräfte

Die Qualitäten des Weiblichen und Männlichen sind sehr viel umfassender, als ich es dargestellt habe. Meine Auswahl ist hier auf das Wesentliche beschränkt, um die Zusammenhänge zu verdeutlichen. Wir erkennen jetzt, dass wir zu unserem Glück, unserem Wohlbefinden, unserer Gesundheit, unserer Lebensfreude sowohl weibliche als auch männliche Eigenschaften brauchen. Nur so kommen wir in eine Balance, die uns ein Leben aus der Ruhe und Gelassenheit und im Frieden mit uns und anderen ermöglicht.

Durch die patriarchale Gesellschaft ist das Weibliche nahezu vollkommen verschwunden, ausgelöscht durch die gnadenlose Logik unserer männlichen Ratio. Es ist Zeit, uns zu erinnern, dass wir diese Kraftquelle in uns haben. Um sie uns zugänglich zu machen, brauchen wir männlichen Mut, Ausdauer gepaart mit weiblicher Beharrlichkeit, um zu ihr vorzudringen. Leider sieht die Realität so aus, dass in jedem von uns das Weibliche sich in der Regel in der Opferrolle befindet und das Männliche in der Täterrolle. Sowohl Frauen als auch Männern fehlt die Anbindung an die eigene innere Führung.

Gefragt sind jetzt Frauen, die ihre männlichen Anteile integriert haben und auf diese Weise mutig zu sich selbst stehen, zu ihrem Seelen-Selbst. Es sind Frauen, die sich nicht dazu verleiten lassen, ihre Eigenmacht abzugeben und sich in männliche Machtstrukturen hineinziehen zu lassen.

Gefragt sind jetzt Männer, die den Mut haben, sich auf ihre weibliche Seite einzulassen, die sich verletzlich zeigen und den Mut der Hingabe an das eigene Herz leben. Diese Männer lassen sich von ihrer eigenen inneren Weiblichkeit leiten. Sie wirken dem zerstörerischen Potential des einseitig männlichen Verstandes entschieden entgegen. Sie verstehen, dass der von Ratio geprägte Verstand ein Mechanismus ist, der im Sinne grundlegender Verbundenheit erst noch beseelt werden muss. Dann ist auch der Mann nicht mehr an Ausbeutung,

Manipulation und Machtgewinn interessiert. Bei der Durchsetzung seiner Interessen ist er am Gemeinwohl ausgerichtet. Auch für ihn zählt dann die Ganzheit und das solidarische Miteinander, diese Männer haben die nachfolgenden Generationen im Blick.

Heute ist es so, dass Frauen und Männer vor den gleichen Aufgaben stehen. Denn auch die Frauen sind von einem abgetrennten Verstand bestimmt, und sie haben ihr Urwissen, was sie sind und was ihnen möglich ist, verdrängt. Auch ist für sie in Vergessenheit geraten, wie sie es wiedererlangen können. Im Idealfall helfen und unterstützen sich Männer und Frauen jetzt auf diesem Weg, in die eigene innere Kraftquelle zurückzukehren und ein neues Miteinander zu kreieren. Wesentlich dafür ist das Verständnis, dass das Weibliche in jedem von uns mit der intuitiven Stimme aus dem eigenen Herzen die Führung übernimmt. Dazu ist es für das Weibliche in uns unausweichlich, die männliche Bewusstheit zu verwirklichen: Das Männliche wiederum ist aufgerufen, weibliches Mitgefühl in sich zu entwickeln.

Teil II:

Unsere innere Evolution

Versöhnung

Yin umarmt Yang
Yang umarmt Yin

Wer ist die Eine?
Wer ist der Eine?

So verschieden
so einzigartig

Keine Energie ist mehr
keine Energie ist weniger

Grundverschieden
Und doch nicht gegensätzlich

Sie ergänzen sich
im Tanz miteinander

In der Versöhnung
werden sie Eins

Das ist Frieden
das ist Ruhe

Harmonie liegt
in der Aussöhnung

Bekämpfst du die eine Seite
bekämpfst du sie in dir

Die Yin-Kraft heilt
vergibt, gleicht aus

Der Impuls geht vom
Weiblichen in uns allen aus

Jetzt ist die Zeit dafür
Es ist möglich

Kapitel 6: Partnerschaft

Welche Kriterien kommen zum Tragen, wenn wir uns in einen Partner, eine Partnerin verlieben? Eine Frau, die eher zurückhaltend und sehr vorsichtig ist, wird einen Mann als attraktiv empfinden, der es versteht, sich durchzusetzen. Diese Eigenschaft möchte die Frau gerne selbst verwirklichen. Dass es dabei zugleich darum geht, das ihr innewohnende männliche Potential zu entfalten, ist ihr in der Regel nicht bewusst. Beim Mann ist es umgekehrt: Ihn zieht aus den gleichen Gründen gerade diese ruhige, zurückhaltende Art der Frau an. Sie ist für ihn attraktiv, da er diese Qualität seinerseits noch nicht für sich lebt und integriert hat, was ihm aber ebensowenig bewusst ist. Lernen sich beide näher kennen, treten weitere Eigenschaften zu Tage, die bei dem jeweils anderen noch im Verborgenen ruhen. Daran möchte keiner von beiden rühren, denn sie liegen tief im Unbewussten verborgen und sind mit schmerzhaften Erinnerungen behaftet. Zunehmend reagieren beide Menschen nun mit den eingeübten Mechanismen.

Auf bestimmte Verhaltensweisen, Aussagen des jeweils anderen antworten wir alle ganz automatisch mit Flucht, mit Kampf oder Erstarrung. Wir alle kennen das. Auf eine Bemerkung, eine bestimmte Vorgehensweise wird mit Kritik, mit heftiger Abwehr, mit schmollendem Rückzug reagiert. Manchmal ist die Person auch starr vor Schreck, dass sie ausgerechnet in diese Situation gerät, und sie fühlt sich wehrlos.

Dabei ist es wichtig zu verstehen, dass der andere der Spiegel für uns ist; für das, was wir uns nicht ansehen, was wir uns nicht zu leben trauen, was wir verdrängen oder vollkommen abspalten. Aber warum tun wir das?

Wir haben es nicht gelernt, wie wir mit unserem Schmerz, unseren Verletzungen, ja, letztlich mit unseren Gefühlen umgehen können. Schon Kindern wird beigebracht, ihre Wut, ihren Kummer zu unterdrücken, denn sie bekommen in der Regel erst Zuwendung, wenn sie wieder »lieb« sind. So lernen sie ganz schnell, sich anzupassen, sind sie doch von ihren Eltern in jeder Hinsicht abhängig.

All die unterdrückten Gefühle sind damit jedoch nicht verschwunden. Es ist ein Trugschluss zu meinen, dass sie uns nicht mehr beeinträchtigen, wenn wir sie untenhalten. Unsere Seele will frei sein, sie will sich selbst erfahren. Jeder von uns verfügt über einen Willen, sich den Weg zu sich selbst freizuschaufeln. Leider unterlassen wir das und gehen Kompromisse ein. Bestimmte Themen sind in der Partnerschaft tabu, weiß man doch, wie allergisch die andere Person darauf reagiert. Damit richtet man sich ein und beschränkt sich. Viele Menschen geben sich damit zufrieden; fühlen sich nicht mehr allein, haben jemanden an ihrer Seite. Aber der Preis für diesen vermeintlichen Frieden ist tief in ihrem Inneren: die Angst, verlassen zu werden, und das Gefühl der Abhängigkeit, das Gegenteil von Liebe und Freiheit.

Das ist kein innerer Frieden, das ist ein oft jahrelang anhaltender Waffenstillstand, bei dem ein falsches Wort genügen kann, das Gefecht wieder anzustacheln. Das Ungelöste lässt uns nicht in Ruhe. Auch bei unserer Arbeit werden wir davon bestimmt. Das Leben bringt uns immer wieder in Resonanz mit diesen Themen, und wenn wir sie hartnäckig ignorieren, manifestieren sie sich als Krankheit. Der Körper meldet, dass der Mensch nicht im Gleichgewicht ist.

Wie könnte Partnerschaft aussehen? In dem Bewusstsein, dass es unsere eigenen Themen sind, die uns der andere spiegelt, beginnen wir, uns dem zuzuwenden, was wir so fürchten, und sehen es uns an. Wir beobachten die schnellen Reaktionsmuster unseres Verstandes. Wir steigen aus diesen Mustern aus, und die Reise beginnt. Partner und Partnerin können sich gegenseitig unterstützen. Die Grundlage dafür bildet die Selbstliebe. – Jetzt heben Sie nicht abwehrend die Arme, liebe Leserin, lieber Leser – unter dem Motto: »Das ist ja wieder dieser Egoismus, den wir hier überall sehen!« Nein, Sie werden sehen, Selbstliebe ist etwas ganz anderes.

Kapitel 7: Selbstliebe

Um zu unserem Selbst, unserer Seele, vorzudringen, sind wir aufgerufen, alles an uns anzunehmen und zu lieben, auch das, was wir so gar nicht an uns mögen. Die Seele ist dort verborgen, wo unser Schmerz sitzt, wo unsere Verletzungen sind, unsere Trauer, unsere Traurigkeit, unsere tiefen Wunden. Mit dem Verdrängen und Abspalten der damit verbundenen Gefühle haben wir auch unsere Sanftheit, unsere Weichheit, das Zarte und Verletzliche in uns verschlossen. Wir haben uns eine feste Schale zugelegt, eine Mauer, die jedem den Zutritt verwehrt – und sogar uns selbst haben wir ausgesperrt. Aber dieses Zarte, Weiche, diese Fähigkeit, sich einzufühlen, ist das, was uns menschlich macht, was uns den Weg zueinander ebnet.

Es ist möglich, uns so zu lieben, wie wir sind,
mit allem was uns ausmacht.
Auch das, was wir an uns heftig ablehnen,
nehmen wir mit viel Selbst-Mitgefühl in unser Herz.
Wir spüren unsere Weichheit und Verletzlichkeit,
die Voraussetzung für Mitgefühl,
für das Erfahren unseres gemeinsamen Menschseins
und der Einheit allen Seins.

Wenn wir Selbstliebe entwickeln, dann übernehmen wir vollkommen die Verantwortung für uns. Wir übernehmen auch die Verantwortung für unsere Gefühle und hören auf, im Außen einen Schuldigen zu suchen. Wir entbinden damit den anderen von der Verantwortung für uns. Niemand muss uns glücklich machen, niemand muss unseren Erwartungen entsprechen, niemandem wollen wir unseren Willen aufzwingen und niemand soll unsere Last tragen. Um diese Last kümmern wir uns selbst, wir beginnen, sie nach und nach abzuladen. Wir haben uns aufgemacht, ganz das zu leben, was wir in unserer Essenz sind – einfühlsame, feinsinnige, liebende Wesen.

Das ist keineswegs einfach, die Gefühle können äußerst herausfordernd sein. Wir brauchen einen geschützten Rahmen und jemanden als Wegbegleitung. Wir vertrauen uns der Hilfe einer Person an, die diesen Weg schon vor uns gegangen ist. Mit Herzenskompetenz gibt sie dieser Auflösungsarbeit Raum und ist in der Lage, diesen zu halten. Das heißt, sie kann mit starken Emotionen umgehen, was den Rahmen für Versöhnung und Vergebung stellt.

Dabei ist es kein Wunder, dass wir alle um die Selbstliebe einen großen Bogen machen, führt sie uns doch zunächst in unser Kellerverlies, das wir gar nicht betreten wollen. Aber an dieser Arbeit kommt niemand vorbei, beabsichtigt er oder sie, das eigene kraftvolle Selbst, unsere Anbindung an die Urkraft, freizulegen. Das Männliche legt auf diesem Weg die Identifikation mit der Täterschaft ab und das Weibliche entsprechend die Identifikation mit der Opferrolle, wohlgemerkt *in Frau und Mann*. Aus diesem Prozess heraus bildet sich ein vollkommen neues Bewusstsein darüber, was wir sind, woher wir kommen, wohin wir gehen.

Ich liebe mich

Ich weine, es ist
so schön
so anmutig
so sinnlich
so einfach
ist Glück

Dehne mich aus
ins Leben
nehme
Alles
und bin
Nichts

Verliebt
ins Leben
diesen Moment
und immer
ins Jetzt
Wonne

Selbstverständlich nehmen wir auf diesem Weg Unterstützung als Geschenk an, wir äußern unsere Bedürfnisse. Aber die andere Person hat immer die Chance, diesem Wunsch zu widersprechen. Der freie Wille steht über allem. In der Partnerschaft können wir uns gegenseitig einen geschützten Raum gewähren, in dem der Schmerz sein darf, ohne die andere Person verändern zu wollen. Das Annehmen, dessen was ist, wirkt als heilender Prozess. Voraussetzung ist, dass beide in der Partnerschaft sich aufrichtig für diesen Weg entschieden haben. Meistens sind die Frauen schon unterwegs und treffen in der Regel auf großes Unverständnis bei den Männern.

Selbstliebe bedeutet, sich nicht an jemanden zu »verausgaben«, der nicht änderungswillig ist, das gilt für Frauen und Männer. Jeder hat sein eigenes Tempo darin, sich für diesen Prozess zu entscheiden. Für Frauen ist es wichtig, den Mut zu haben, ihr Leben im Zweifelsfall auch allein zu gestalten, ohne gleich wieder auf »Männersuche« zu gehen. Es gilt, sich anzuschauen, welche Mechanismen bei der Wahl eines bestimmten Partners zum Tragen gekommen sind. Der andere zeigt auf, was bei uns noch im Verborgenem schlummert. Das Alleinsein ist für viele Frauen mit tiefen Ängsten verbunden, die auch aus dem kollektiven Bewusstsein gespeist werden. Sie geben aber ihre Selbstliebe preis, wenn sie sich auf eine Beziehung einlassen, die sie nicht nährt.

Hat nur eine Person in der Partnerschaft sich für die innere Entwicklung entschieden und verfolgt diese beharrlich, dann passt es irgendwann nicht mehr, sofern die andere Person diese Impulse nicht aufnimmt. Es ist für beide Seiten verträglicher, sich dann im Frieden zu trennen. Wir haben die Kraft und die Macht der Liebe, das ohne Schuldzuweisung und Vorwürfe zu tun. Männer fürchten oft, Gefühle zu zeigen, aus Angst, in Schwäche abzugleiten. Der Prozess, sich im Zuge praktizierter Selbstliebe mit den eigenen Schmerzen und Ängsten auseinanderzusetzen, führt zu der Erkenntnis, dass gerade das Bewusstmachen, Annehmen und Integrieren der Gefühle ein Ausdruck von persönlicher Stärke ist.

Zum Glück gibt es die Möglichkeit, dass sich beide bewusst auf den Weg machen und gemeinsam diese Abenteuerreise zu sich selbst unternehmen. Das führt zu einer ganz anderen Tiefe und Qualität des Zusammenseins. Beide haben dann die Sicherheit, sich so zeigen zu dürfen, wie sie sind, ohne Maske oder Mauern. Wenn bei einer Person destruktive Gefühle aufkommen, weiß die andere, dass es nicht gegen sie persönlich gerichtet ist, sondern Ausdruck der Situation der Person. So wird der Person die Möglichkeit gewährt, sich auch mit ihren Schattenseiten angenommen zu wissen, ohne dabei bewertet oder zurückgewiesen zu werden, wodurch sie Heilung erfährt. Sie kann der Ursache ihrer Reaktion nachspüren, der andere wiederum hat hierfür durch seine verständnisvolle Anteilnahme, ohne sich einzumischen, den Weg geebnet.

Dabei ist es entscheidend zu wissen, dass niemand uns die innere Arbeit abnehmen kann. Nur wir selbst können Licht in unser eigenes Unbewusstes bringen und sind aufgerufen, den Schmerz und das Leid, was wir verdrängt haben, zu fühlen. Der Partner oder die Partnerin können uns allenfalls mitfühlend und verständnisvoll zur Seite stehen, aber im inneren Aufarbeitungsprozess sind wir auf uns allein gestellt. Wir erfahren mehr und mehr, dass wir in der Vergangenheit die Verantwortung für uns selbst aus der Hand gegeben haben. Nur durch Integration der verdrängten und abgespaltenen Anteile nehmen wir diese Verantwortung wieder auf uns und kümmern uns in Liebe um uns selbst.

Erlösung

Erlösung
heißt
sich lösen
von dem
was uns prägt
sei's innen
sei's außen

Was dann bleibt?

Ein strahlend
Selbst
blühend
ein sich Verschenken
in Liebe

Kapitel 8: Der Erfahrungs-Lern-Prozess

Es geht nicht darum, dass wir hin und wieder mal Hilfe annehmen, wenn uns etwas besonders zu schaffen macht, und es geht auch nicht darum, die eigene Befindlichkeit anderen immer wieder vor Augen zu führen, ohne wirklich an einer Lösung interessiert zu sein.

Es geht um eine Entscheidung, einen verbindlichen Entschluss, sich der Verbindung zum eigenen Selbst zu verpflichten. Nur wir selbst können für uns diese Entscheidung treffen. Nur wir selbst können die Verletzungen, die zum großen Teil aus der Kindheit rühren, in uns heilen. Auf diese Weise lernen wir uns immer besser kennen und kommen unserem Selbst immer näher.

Dabei wirken zwei Kräfte: die eine ist unser von männlicher Ratio geprägter Verstand, es ist unser Persönlichkeits-Selbst. Hier sind alle Erfahrungen, alle Beurteilungen, alle Prägungen aus dem familiären und gesellschaftlichen Umfeld gespeichert. Hier haben wir unser Bild von uns selbst erschaffen, mit dem wir uns im Außen präsentieren. Nur leider entspricht es nicht der Realität. Das offenbart uns die andere Kraft, die innere Stimme, unser Seelen-Selbst. Aber diese Stimme überhören wir gern, und im Laufe der Zeit ist sie sehr leise geworden. Dass an unserem Selbstbild gerüttelt wird, mögen wir nicht. Aber genau das geschieht hier.

Der Verstand seinerseits leistet Widerstand, er wehrt sich trotzig. Sollen wir doch plötzlich erkennen, dass wir im Unrecht waren, dass auch wir kräftig ausgeteilt haben. Es ist ja viel einfacher, die Verantwortung anderen in die Schuhe zu schieben.

Plötzlich sehen wir uns mit unliebsamen destruktiven Emotionen konfrontiert, etwa Wut, Hass, Neid, Eifersucht, Habgier oder Scham, und haben das Gefühl, wertlos zu sein. Vielleicht fragen Sie sich, wie damit je Frieden zu schließen wäre. Aber indem wir diese Gefühle annehmen, sie zulassen, gewinnen wir Verständnis, sei es für uns selbst, sei es für all die anderen, mit denen wir zu tun haben, und können allen Beteiligten, einschließlich uns selbst, vergeben. Vergebung ist erst möglich, wenn wir den Schmerz, die Wut, die Trauer noch einmal durchlebt haben. Erst im Zuge dieser Arbeit gewinnen wir an Verständnis für uns selbst und die anderen Beteiligten und können uns aus solch konflikthaften Situationen und damit verbundenen Gefühlen lösen.

Durch die immer gleichen Reaktionsmuster unseres Verstandes in Resonanz mit alten Verletzungen haben wir heftige Widerstände in uns errichtet, die oftmals resistenter sind als die Ursache selbst. Es handelt sich um Widerstände, die zum einen aus dem Familiensystem herrühren, und zum anderen verdanken sie sich gesellschaftlichen Konditionierungen.

Ein Beispiel: Die Hälfte der Menschheit wird mit einer dominanten linken Gehirnhälfte geboren und bevorzugt die rechte Hand und damit ihre männliche Seite. Von der anderen Hälfte der Bevölkerung, die mit einer dominanten rechten Gehirnhälfte auf die Welt kommt, ist die linke Hand die bevorzugte. Jetzt ist es aber so, dass nur rund 12 % dieser Gruppe auch mit der linken Hand schreiben. Alte, tiefliegende Konditionierungen lassen das Weibliche in dieser Form nicht in Erscheinung treten. Dieser Widerstand in uns rührt daher, dass zum Beispiel in der Nazizeit das Schreiben mit links als abartig galt, und jede Familie alles darangesetzt hat, dies zu unterdrücken, um nicht in tödliche Gefahr zu geraten. Auch Religionen assoziieren mit der linken Hand »Unreinheit« und unterdrücken damit einmal mehr das Weibliche in uns. Das hat gravierende Folgen, denn die Verdrehung der Hemisphären in ihrer Dominanz führt nicht nur zu gesundheitlichen Beeinträchtigungen. Betroffene Menschen haben häufig das Gefühl, in ihrem Leben nicht wirklich eine Chance zu haben. Es kostet sie zu viel Kraft, die nicht dominante Körperseite ständig überzustrapazieren und die eigentlich führende Seite in ihrem Potential nicht ausschöpfen zu können. Sie müssen sehr viel mehr Energie für etwas aufbringen, das andere mit Leichtigkeit schaffen.

Links

Links ist
abhandengekommen
verlorengegangen
fast ausgelöscht

Links ist weiblich
anmutig poetisch
intuitiv und
verbunden

Wo seid ihr
Linkshänder?
Wo seid ihr
präsent im Femininen?

Findet euch
steht auf
steht zu euch
steht zueinander

und
lasst rechts
dabei
nicht links liegen

Das ist ein trauriges Beispiel für die nicht zum Ausdruck kommende Urweiblichkeit, denn die eigene Mitte ist den Menschen verschlossen, solange sie nicht ihre höchstentwickelte psychomotorische Fähigkeit, das Schreiben, mit links ausführen. Dieser Knoten muss zuerst gelöst werden und zwar durch eine Rückschulung auf die dominante linke Hand. In unserer Gesellschaft steht mit dieser Unterdrückung überproportional der männliche dem kleingehaltenen weiblichen Aspekt gegenüber. So zeigt sich das Ungleichgewicht im Inneren wie im Außen.

Es dauert also bis wir uns durch unsere Widerstände hindurchgearbeitet haben. Aber nicht den Mut verlieren, denn, wie schon gesagt: Es gibt keine Mogelpackungen. Am Ende kommt jeder und jede beim eigenen Seelen-Selbst an. Es wird mit zunehmendem Verständnis leichter für unser Persönlichkeits-Selbst, sich einzulassen. Am Ende gibt es nur eins: sich wirklich ganz der inneren Führung aus dem Herzen heraus hinzugeben.

Mitgefühl

Mitgefühl ist die Blüte der Liebe
eine weibliche Qualität

Haben wir im Herzen
unsere Seele aufgespürt
sind wir losgelöst
von unserem kleinen Ich

Wir fühlen
Eins-Sein mit allem

Wir haben uns gelöst
von unserer Vergangenheit
Wir reagieren nicht mehr
wir gestalten im *Jetzt*

So entsteht für uns alle etwas Neues
durch den persönlichen Wandel in uns

Kapitel 9: Selbstmitgefühl

Das Wichtigste, das Sie auf Ihrem Weg begleitet, liebe Leserin, lieber Leser, ist Ihr Mitgefühl für sich selbst. Denn es ist Ihr Persönlichkeits-Selbst, das nun vollkommen erschüttert wird. Alles, woran Sie geglaubt haben, all Ihre Urteile, Ihre Vorstellungen und ganz besonders Ihre eigenen Projektionen auf andere, auf die Situation in der Welt, wird jetzt hinterfragt. Und es wird losgelassen, was nicht mehr dienlich ist.

Bisher haben Sie gedacht, dass alles, was Sie im Außen erfahren, von anderen auf Sie zukommt. Genau das versteht man unter Projektion. Es verhält sich aber umgekehrt. Wir sind energetische Wesen und ziehen das an, was wir energetisch ausstrahlen. So kommt es, dass wir uns immer wieder in leidvollen Situationen wiederfinden, solange wir nicht die Ursache angeschaut, angenommen und uns liebevoll damit ausgesöhnt haben.

Ein Wegweiser, diese Mechanismen zu durchschauen und nach und nach zu entlarven, ist diese Frage:

Warum geschieht gerade mir genau dieses Geschehen in diesem Moment?

Nehmen Sie diese Frage ernst und wenden Sie sie konsequent an, dann erfahren Sie, dass letztendlich Sie selbst sich in all diese Verstrikkungen gebracht haben. Sie selbst haben sich in einen Käfig gesperrt, dessen Tür immer offen war.

Wir identifizieren uns mit unserem Persönlichkeits-Selbst, unserem Verstand, und er suggeriert uns, dass wir all diese leidvollen Gefühle sind. Aber ein Ent-Täuschungs-Prozess entlarvt diese Illusion. Wir erfahren mehr und mehr, dass wir allen uns von außen gespiegelten Emotionen Macht über uns gegeben haben, was es nun zurückzunehmen gilt. Wir denken, dass wir wertlos sind, dass wir schuldig sind, dass wir uns schämen müssen, dass wir diese Wut, diese Eifersucht, dieser Zorn, diese Machtbesessenheit oder diese Unterwürfigkeit sind.

Liebe Leserin, lieber Leser, dem ist nicht so. Sie haben jetzt die Chance, Eigenmacht über Ihr Gefühls- und Gedankenkarussell zu gewinnen.

Um das zu erkennen, müssen Sie Ihr *Selbst* auspacken. Das ist ein tränenreicher Weg, denn Sie sind aufgerufen, all die schmerzhaften Gefühle noch einmal zu durchleben, um sie dann gehenzulassen. Dabei gehen Sie mit jeder Menge Mitgefühl vor, wertschätzen es, dass Sie sich dieser Situation bewusst aussetzen, um alles noch einmal zu erfahren. Lassen Sie Ihr Persönlichkeits-Selbst dabei von Ihrem eigenen Herzen eine Zeitlang in aller Zuwendung und voller Mitgefühl tragen und trösten.

Nehmen wir als Beispiel das Gefühl der Wut. Wut ist zunächst einmal, ganz wertfrei, unsere vitale, aggressive Lebenskraft. Es ist die Kraft, die die Blüten durch den Schnee treibt. Erst wenn sie sich in ihrer destruktiven Form zeigt, wirkt sie gegen das Leben. Verspüren wir den Impuls der Wut, so zeigt er an, dass etwas nach Änderung ruft. Ignorieren wir diesen Ruf und sperren die Wut ein, dann entlädt sie sich urplötzlich und überrascht uns mit unseren wütenden Reaktionen. Wenn wir nun die Kontrolle über die Wut verstärken, wird sie sich gegen uns und damit gegen unsere Gesundheit wenden, zum Beispiel in Gestalt von Autoimmun-Erkrankungen.

Keine Energieform lässt sich auf Dauer wegsperren und unterdrükken. Irgendwann kommen wir damit in Kontakt, wollen wir nicht unsere Lebendigkeit und Lebensfreude einbüßen. Erfahren wir also diesen Wutimpuls und haben wir uns in einer Situation völlig unbeherrscht gehenlassen, dann lassen wir uns selbst gegenüber Mitgefühl walten. Wir sagen uns liebevoll das, was wir in dieser Situation einer Freundin oder einem Freund sagen würden.

In der Regel gehen wir hart mit uns ins Gericht und tun uns schwer, uns zu vergeben. Deshalb gilt es, die Hände auf die Mitte der Brust zu legen und sich in Mitgefühl für sich selbst mit dem Herzen zu verbinden. Wenn wir innerlich wieder zur Ruhe gekommen sind, können wir uns an die Lösung der Situation machen. Wir übernehmen die Verantwortung für die wütenden Worte, äußern unser: »Es tut mir leid« und kümmern uns um Schadensbegrenzung. Später erforschen wir die Ursachen für unsere Wut und schauen, wo es angesagt ist, etwas in unserem Leben zu ändern.

Entschuldigen können wie uns nicht, denn wir haben beim anderen eine Grenze übertreten. Wir erkennen den anderen an, schauen, wo wir uns »schuldig« gemacht haben und erfahren auf unserem Weg, dass es mit der Verantwortung für uns selbst zu einer Auflösung der »Schuld« kommt. Es ist diese Versöhnungs- und Vergebungsarbeit, die uns dem inneren Frieden näherbringt. Letztlich erkennen wir, dass unsere »Schuld« darin besteht, uns von unserem Urgrund, unserem *Selbst*, getrennt zu haben. Das manipulative Persönlichkeits-Selbst in uns hat die Herrschaft übernommen. Es gilt nun, den Machtanspruch abzugeben und sich wieder in die Gesetzmäßigkeit des Lebens einzuordnen. Statt »Schuld zu haben« oder »Schuldige« zu suchen, geht es darum, in der Selbst-Verantwortung zu sein.

Das Persönlichkeits-Selbst hat viele unerfüllte Bedürfnisse aus der Kindheit in sich und will, dass irgendjemand von außen diese Bedürfnisse stillt. Aber die einzige Person, die diese Wünsche des inneren Kindes erfüllen kann, ist die erwachsene Person, die sich um diese Ansprüche im eigenen Inneren kümmert. Dabei kommt es zu der

Erfahrung, dass das vermeintliche »Unerfüllt-Sein« aus der Trennung mit unserem Seelen-Selbst erfolgt. Erst die Rückbindung an unseren Urgrund lässt uns die unendliche Fülle erfahren, und wir genießen das Leben mit einem freien, weiten Bewusstsein und tiefem Mitgefühl.

Mit*gefühl* darf nicht verwechselt werden mit Mit*leid*. Letzteres lässt uns in der Verstrickung mit unseren Gefühlen und Gedanken verhaftet bleiben. Mitgefühl sieht die Ursache des Schmerzes und des Leidens und lässt sich auch bei starken Emotionen nicht von sich selbst davontragen. Im Mitgefühl geben wir uns die Zuwendung, die wir brauchen, und lassen den Schmerz sein, ohne an ihm festzuhalten, bis er wieder geht. Das ist nicht leicht, aber es ist möglich, und es ist der Weg hinaus aus den Begrenzungen. Denn das reine Bewusstsein, das wir sind, ist in sich leer. Alles an Emotionen wird von außen an uns herangetragen; wir sind reines, unschuldiges, leeres Bewusstsein und bedingungslose Liebe. Damit verbinden wir uns im Wissen, dass alles vorübergeht: auch dieser Schmerz, den wir gerade fühlen.

Wir alle machen in diesem Zusammenhang Fehler, aber es ist unsere Entscheidung, ob wir sie als Versagen empfinden. Wir haben die Wahl, jede Situation, die wir als Fehler eingestuft haben, als Chance zu erleben, etwas daraus zu lernen, wichtige Erkenntnisse daraus zu ziehen. Und wir merken, dass es genau diese vermeintlichen Fehler sind, die uns haben wachsen lassen. Sie formten uns zu der Persönlichkeit, die wir jetzt sind. Wir haben wichtige Kompetenzen entwickelt, die uns nun zugutekommen.

Wir erkennen, dass wir unsere Verantwortung für uns selbst wieder und wieder aus der Hand gegeben haben. Die Herausforderung liegt im Inneren von uns allen. Es ist das Wagnis, sich auf die Tiefen des Unbewussten einzulassen und sich den Überraschungen zu stellen, die durchaus unangenehm sein können. Ohne ein Gegenüber von fachlicher Kompetenz werden Sie vor der Herausforderung vielleicht schnell die Flucht ergreifen. Da kann Ihr Verstand sofort einhaken: »Ich tue ja schon so viel, das ist nicht wichtig; ich bin ja schon auf einem guten Weg, da müssen die anderen sich mal ändern« und so weiter. So suggeriert uns unser Persönlichkeits-Selbst, dass wir das ganze besser seinlassen. Es ist dieses Persönlichkeits-Selbst, das um sein Leben fürchtet. Es hat im Gegensatz zu unserem Seelen-Selbst keine Basis in sich.

Die gute Nachricht: Es kommt der Tag, an dem Sie sich von Ihrem kleinen Ich, Ihrem Persönlichkeits-Selbst lösen und sich mit Ihrem wahren *Selbst*, Ihrem ganz natürlichen Seelen-*Selbst* vereinen. Sie werden merken, dass bei Ihrem aufrichtigen, ausdauernden Voranschreiten, wieder Verbindung zu Ihrem wahren Wesenskern aufzunehmen, Ihnen der Weg entgegenkommt. Sie erhalten plötzlich wegweisende Informationen, Sie finden eine Person, die Sie unterstützt, Sie haben neue Ideen und es öffnen Sich Ihnen neue Lösungen. Weg und Ziel sind eins. Sie sind das, was Sie ausmacht, was Sie schon immer gewesen sind.

Trost

schmeckt süß
duftet lieblich
atmet, fühlt
lacht, singt

und

ist angekommen
in der eigenen Mitte
versöhnlich
versöhnt

loslassend
seinlassend
annehmend
durchdrungen

zur Ruhe kommend
in kosmischer Ordnung
furchtlos in Rückbindung
an unser aller Urgrund

Statt Schuld
Verantwortung
Statt Entwurzelung
Sinn und Vergebung

Bleibt
bedingungslose Liebe
Basis für
Mitgefühl

Kapitel 10: Urvertrauen

Es ist unsere Selbst-Liebe, die uns diesen Weg gehen lässt. Dafür ausgestattet sind wir mit starkem Willen und Mut. Vielleicht wenden Sie jetzt ein, dass der Mut Sie häufig verlässt und der Wille einbricht. Sie werden selbst spüren, dass beides wächst, sofern Sie sich in Ihrem Vorhaben treubleiben.

Als Fötus haben wir über die Nabelschnur die Verbundenheit mit der Mutter erfahren und damit das Gefühl der Einheit, des Schutzes, der Geborgenheit, des Vertrauens. Mit der Geburt wird jeder Mensch mit der Dualität konfrontiert. Plötzlich stehen sich Trennung und Verbundenheit gegenüber, Angst und Liebe, Dunkelheit und Licht, Kälte und Wärme – scheinbar unvereinbare Gegensätze.

Das Wichtigste ist der erste Schrei, der vom System der Mutter unabhängige erste Atemzug. Es ist uns allen nicht bewusst, dass in diesem Augenblick die Verbundenheit mit dem Ursprung wieder erfahren wird – und damit nicht genug. Mit jedem Atemzug, unser ganzes Leben lang, sind wir in dieser Einheit mit unserer Ursprungs-Quelle verbunden, mit dem All-*Eins;* wir sind stets mit allem Eins. Bitte lassen Sie dies auf sich wirken. Jede Trennung ist eine Illusion, wir hingegen sind mit dem Potential ausgestattet, uns wieder bewusstzumachen, wer wir eigentlich sind.

Während wir aufwachsen, sind unsere Eltern für uns in der Verantwortung. Doch dann gilt es, sich zu lösen und den Weg eigenständig weiterzugehen. Nun läuft es in der Kindheit meist nicht so harmonisch, wie wir es gerne hätten. Erfolgt der Eintritt ins Erwachsenenleben, schlagen wir uns in der Regel mit einer Menge ungeklärter Gefühle im Inneren herum, die wir verdrängt haben. Auch kann es sein, dass Eltern uns nicht gehen lassen wollen. Der Schmerz, nun die Kinder nicht mehr bei sich zu haben, kann dazu führen, dass diese nicht unbeschwert losziehen können. Es sind noch überall offene Kreise, die darauf warten, geschlossen zu werden. Wird diese Aufgabe nicht erfüllt, ist der junge Mensch nicht vollständig nach vorn ausgerichtet. Seine Vergangenheit bestimmt ihn, was ihm jedoch in der Regel nicht bewusst ist.

Wir gehen zwar vorwärts, aber mit rückwärts gerichtetem Blick. Wird eine Partnerschaft eingegangen, gerät das mit den eigenen Eltern Ungeklärte mit in die neue Verbindung. All das, was in beiden Familiensystemen mitschwingt, reicht auch in die neue Partnerschaft hinein. Lösen wir es nicht, macht es wiederum unseren Kindern zu schaffen.

Die Folge dieser Altlasten ist ein erschüttertes Vertrauen in uns selbst. Wir meinen nun, dass wir auf die Bestätigung von außen angewiesen sind, machen uns abhängig vom Urteil anderer. Wir hören nicht auf uns, sondern lesen nach, wie andere es gemacht haben, die es vermeintlich besser wissen, oder wir schwingen uns selbst zum Besserwisser auf. Die Quintessenz ist: Uns fehlt es an Ur-Vertrauen.

Wo finden Sie dieses Ur-Vertrauen? Gehen Sie noch eine Stufe tiefer in den Bereich Ihres Nabelzentrums – zurück zum Anfang. Hier ist der Sitz Ihres *Seins*-Zentrums, Ihre Mitte. Wenn Sie hier angekommen sind, nehmen Sie Ihr Sein mit allen Sinnen und voller Lust und Freude wahr. Sie haben den Sprung gewagt und Ihr kleines Persönlichkeits-Selbst oben am Abgrund stehenlassen. Sie sind in die Wonne des *Seins* gesprungen. Sie lassen sich voll und ganz auf das Leben ein. Sie nehmen alles an, was kommt, ohne irgendetwas zu bevorzugen oder anderes abzulehnen. Sie agieren in freier Wahl statt zu reagieren. Sie erkennen das Leben als vollkommenen Erfahrungsprozess, der Sie sicher wieder nach Hause bringt – zu sich *selbst* nach Hause. Denn dieses *Selbst* ist Ihre wahre Heimat, und Sie lassen sich bedingungslos von Ihrem *Selbst* führen. Ihr eigener Wille ist mit dem Willen einer höheren Intelligenz verschmolzen, diesem Ursprung, dem wir alle entstammen, diesem Wunder des Lebens selbst.

Sie folgen bedingungslos Ihrer eigenen inneren Stimme und lassen sich nicht mehr von den Mechanismen des Verstandes manipulieren, der der Komplexität Ihres *Selbsts* nicht gerecht wird. Sie benutzen den Verstand als Werkzeug, die aus dem Herzen kommenden Impulse umzusetzen. Sie sehen also, Sie gehen Schritt für Schritt zurück, vom Kopf über das Herz zur Körpermitte, vom Denken, über das Fühlen zum Sein. Wenn Sie in Ihrer eigenen Mitte ruhen, lassen Sie sich nicht mehr von den Wogen des Lebens hinwegspülen. Sie wissen, dass alles stets im Wandel ist. Sich selbst haben Sie jetzt so gut kennengelernt, dass Sie wissen: Auch starke Emotionen können Sie halten, fühlen, annehmen und wieder gehenlassen. Sie halten daran nicht mehr fest. Sie lassen Ihre Identifikation ganz bei Ihrem *Selbst*. Sie wissen, dass nichts – wirklich nichts – Ihre Essenz zerstören kann.

Auf dem Weg zu Ihrem *Selbst* haben Sie alle Anteile, die zu Ihnen gehören, alles was verdrängt und im Dunklen verborgen lag, ans Licht geholt und zu sich genommen. Diese Anteile bestimmen Sie nicht mehr aus dem Unbewussten heraus. Sie sind wieder ganz. Das waren Sie auch vorher schon, aber es war Ihnen nicht bewusst. Erst dieser lange Weg hat Sie Ihrer *selbst* bewusstwerden lassen. Einem störanfälligen Persönlichkeits-Selbst, das Sie vielleicht unter dem Namen »Ego-Persönlichkeit« kennen, vertrauen Sie nun nicht mehr. Nein, Sie haben Ihr *Ur-Vertrauen* wiedergewonnen. Bewusst habe ich auf den Begriff »Ego-Persönlichkeit« bislang verzichtet, ist er doch oft negativ behaftet. Jedoch geht es darum, genau diese »Ego-Persönlichkeit«, die wir so lange gelebt haben, von ganzem Herzen zu lieben, ihr zu vergeben und Frieden mit ihr zu schließen. Damit schließen wir Frieden mit uns selbst.

Der Weg dorthin hat uns schon viele, viele Leben hier auf der Erde gekostet. Wir sind nicht zum ersten Mal hier, aber jetzt ist eine Zeit angebrochen, in der die Reise zu sich selbst begünstigt ist. Wir alle sind in umfassendem Wandel begriffen, der überall zu spüren ist, ganz besonders in uns selbst. Es liegt an uns, ob wir uns für das *Neue* öffnen, all die alten Begrenzungen, die Trennung und Spaltung hinter uns lassen. Wir haben die Wahl.

Leben wir aus unserer Mitte heraus, nehmen wir in der Stille mit dem Fühlen unseres Herzens die Impulse aus unserem Seins-Zentrum auf, leiten sie weiter an unseren Verstand, der sie dann umsetzt und realisiert. So kompliziert, wie es klingt, ist es nicht. Wenn Sie hier angelangt sind und sich von Ihrem Persönlichkeits-Selbst gelöst haben, nehmen Sie das Leben mit jeder Faser Ihres Körpers wahr. Sie sind ganz bewusst im Jetzt, denn die Vergangenheit bestimmt nun nicht mehr Ihre Zukunft, vielmehr legen Ihre bewusst getroffenen Entscheidungen das Fundament für morgen. Sie sind mit der höheren Intelligenz verbunden, der Magie des Seins, mit der Quelle, dem Ursprung, der mit Worten nicht zu beschreiben ist. Hierhin dringt der Verstand nicht vor, es kann nur mit der inneren intuitiven Wahrnehmung erfahren werden.

Urvertrauen

Es hat es mir versagt
dieses kleine Ich
dass sich so viel
Macht verschafft hat
zu meinem Unwohl

Es hat festgehalten
am Kampf
an der Flucht
auch an der Erstarrung

Nun bleibt
nichts
übrig

Dieses *Nichts*
ist *Alles*

Jetzt lässt es
sich fallen
ins Grenzenlose
in die Quelle selbst
in die Liebe
und ist da
im Mitgefühl
auch für diese Person
die das hier schreibt

Der Körper trennt scheinbar

Und doch ist da diese Traurigkeit
von diesem *Sein*
nichts gefühlt zu haben
von diesem Genuss
im Urvertrauen

Das kleine Ich
hat mir die Liebe versagt

Mit Mitgefühl
lässt es sich fallen
und siehe da
es löst sich auf

Da ist nur noch
das Meer
und diese Welle
die fühlt

Sie haben alle Ihre Anteile integriert, das heißt, Sie sind ganz geworden oder heil, und jetzt fühlen Sie die Heiligkeit Ihres Seins. Das ist die Anbindung an den Urgrund und hat nichts mit den männlich geprägten monotheistischen Religionen gemein, die mit einem Gott im Außen die Spaltung eher forcieren, wobei die Menschen nur allzu oft ihre Eigenmacht und Sinnhaftigkeit einbüßen. Das Wort Gott im Sinne der Trennung Mensch/Gott vermeide ich hier, denn mit diesem Wort auf den Lippen ist so viel Unheil angerichtet worden. Wenn ich von göttlich spreche, dann ist immer die Einheit gemeint, männlich und weiblich. Sie können sie »GottIn« nennen oder die »Quelle von allem, was ist« oder die »Ur-Schöpferkraft«, die »übergeordnete Intelligenz«. Wichtig ist: Jegliche Spaltung beruht auf der Illusion eines trennungs- und angstgeprägten Verstandes, der sich im Zuge festgefahrener Denkmuster der Dualität immer wieder selbst verschreibt und sie dadurch neu erschafft. Hingegen gilt es nun, sich dieser Einheit wieder bewusstzuwerden. Der Sinn besteht darin, die eigene natürliche Schönheit zu erkennen und zu wissen, dass jeder ein Teil dieser allumfassenden Schöpfung ist und somit alle und alles gleichwertig. Wer hier angelangt ist, erfährt sich in eine unglaubliche Liebeskraft eingebunden. Gleichzeitig erleben wir, dass wir als Teil der Schöpfung auch selbst ständig erschaffen. Diese Bewusstheit lässt Sie die große Verantwortung dieser Freiheit erleben. Sie haben sich entschieden, diesen Liebesstrom der Schöpfung ganz bewusst wahrzunehmen und sich durch ihn ausdrücken zu lassen.

Es geht nicht mehr um die Weiblichkeit oder die Männlichkeit. Haben Sie den scheinbaren Gegensatz durch Integration der Anteile überwunden, wachsen Sie über das Trennungs-Bewusstsein hinaus. Sie fühlen sich von der übergeordneten Intelligenz aufgefangen, geborgen, gehalten und umsorgt. Sie machen die Erfahrung, dass diese Urkraft es gut mit Ihnen meint. Von Begriffen wie Schuld, Scham, Feind, Kampf… haben Sie sich verabschiedet und fühlen Ihr *Eins-Sein* mit jeder Faser. Sie sind durchdrungen von bedingungsloser Liebe, der unendlichen Weisheit des Herzens, von der immensen Schöpfungskraft Ihres Daseins, Ihrem Freigeist.

Wir sind *eins*

Wir sind *eins*
in unserer Liebe

Wir sind *eins*
in unserem Schmerz

Wir sind *eins*
in unserer Wut
in unserem Neid
in unserer Eifersucht
und vor allem
in unserer Scham

Wir schämen uns
nicht unsere wahre
Größe, Anmut und Schönheit
zu *sein*

Hurra, wir springen
von der Klippe
ins Meer

Endlich schwimmen
in der Liebe,
sich von ihr
überraschen lassen
frei
von Anhaftungen
einfach so Sein

Ja, dazu ist Demut notwendig und tiefe Dankbarkeit. Doch diese folgen unausweichlich dem Prozess, der zu immer mehr *Ein-Sicht* führt.

Aber es gilt, aufgerichtet und aufrichtig zu sein, niemand muss sich kleinmachen vor der Schöpfung. Nein, wir sind ein Teil all dessen, und in diesem Sinne lassen wir die Schöpfung voller Freude durch uns geschehen und wirken bewusst mit. Jeder von uns kommt mit einem Geschenk, mit dem er sich hier zeigen will. Wenn wir erst einmal erkannt haben, was unser ganz persönliches Lebenspotential ist, dann bringen wir es voller Freude ein. Es werden plötzlich neue Kräfte geweckt, und wir fügen uns ganz von selbst in den Erschaffungsprozess ein. Wir haben das Ziel, dem Wohle der ganzen Schöpfung zu dienen und damit letztlich uns selbst. Alles ist *eins,* und das, was wir zum Wohle der Gemeinschaft tun, kommt allen und allem zu Gute. Wir erleben uns als nicht mehr getrennt, sondern sind im Einheits-Bewusstsein begriffen.

Teil III:

Das Wunder sein, das wir sind

Selbstermächtigung

Es ist Zeit für die
Selbstermächtigung des Weiblichen

Diese Macht der Schönheit
bringt den männlichen Verstand in Form

Es ist die Macht aus der Tiefe
aus der Verbundenheit der Einheit

Die weibliche Macht kommt nicht
aus dem begrenzten Persönlichkeits-Selbst

Die weibliche Macht fühlt
die Schmerzen und das Leid aller Wesen

Sie bewahrt, erhält, schützt
umsorgt – sie liebt alles

Die Frauen sind aufgerufen
zur Selbstermächtigung
hinaus aus der vermeintlichen Ohnmacht

Den Männern hilft es, sich der eigenen innewohnenden
Weiblichkeit zu öffnen, sie zu schützen und ihr zu folgen

Die Selbstermächtigung der Frauen bringt das Übermaß
der männlichen Verstandesenergie ins Gleichgewicht

Das hilft, der Erde und uns allen
in die Ausgewogenheit zu kommen

Die Zeit des »immer mehr
immer schneller« geht zu Ende

Jetzt ist höchste Zeit für
Mitgefühl und Liebe

Es ist die Zeit der Selbstermächtigung des Weiblichen,
für diese machtvolle Energie, für ein friedliches Zusammensein

Kapitel 11: Authentisch unser *Selbst* sein

Solange der Verstand noch die Zügel in der Hand hält und das »Ich-will« noch nicht dem »Wir« weichen mag, solange der eine Wille, der hier auf Erden ist, sich noch nicht in Ihnen offenlegt – solange gilt, sich immer wieder bewusst zu entscheiden; das heißt, still werden, ins Herz fühlen und sich inspirieren lassen. Der Verstand lässt von der Kontrolle so einfach nicht ab. Es ist die Angst des Kindes in uns, das wir einmal waren. All die Zurückweisungen, all die Verletzungen haben dazu geführt, die Kontrolle nicht aus der Hand geben zu wollen. Das ist die andere Seite von Vertrauen. Für Vertrauen ist das Erfahren der Liebe notwendig. Wenn wir dieses Vertrauen in der Kindheit nicht entwickeln konnten, so ist diese Erfahrung nachzuholen. Ja, und wer, wenn nicht Sie selbst, kann Ihnen vollkommenes Vertrauen entgegenbringen? Sie wissen um alles in Ihnen, Sie wissen, was Sie erlebt und durchlitten haben. Sie nehmen sich mit allen Ihren Schwächen und Fehlern an und vertrauen mehr und mehr in Ihre eigene Kraft und Entscheidungsfähigkeit.

Auf diesem Weg werden Sie oftmals auf die Probe gestellt. Ihre leise weise Stimme aus dem Herzen rät Ihnen etwas, das die Meinung der anderen infrage stellt. Plötzlich stehen Sie ganz allein da, und Sie fühlen die Ablehnung. Nun heißt es, standhaft zu bleiben.

Ein Beispiel aus der Partnerschaft: Sie haben sich auf den Weg gemacht und übernehmen die Verantwortung für sich selbst. Ihr Partner oder Ihre Partnerin hält aber daran fest, einen Schuldigen im Außen zu suchen und zeigt sich resistent gegen jede Veränderung. Das hat keine Basis. Hier sind besonders die Frauen gefragt. Sie haben sich schon längst auf den Weg zu sich selbst gemacht. Aber wenn sie nach Hause kommen in die Familie und Partnerschaft und ihnen der Gegenwind um die Ohren bläst, verlässt sie der Mut. Es braucht Frauen, die jetzt nicht wankelmütig werden, die dann auch auf die Gefahr hin, die Partnerschaft zu verlassen, sich selbst treu bleiben. Andernfalls verleugnen sie sich selbst.

Das gleiche gilt für Männer, die sich entschieden haben, ihre weiche, fürsorgliche Seite zu leben. Stoßen Sie zum Beispiel bei Ihrem Chef auf Ablehnung, wenn Sie Teil- oder Elternzeit beantragen, so gilt es auch hier, keinen Rückzieher zu machen. Wenn Männer Frauen unterstützen, damit sie den gleichen Lohn für die gleiche Arbeit erhalten, schützen und ehren sie das Weibliche in sich. Es geht für uns alle darum, den Mut zu haben, zu uns zu stehen, zu der leisen weisen Stimme in unserem Herzen, zu unserer Intuition. Wir finden dadurch die Tiefe in unserem Leben, die wir so vermissen. Wir finden den Sinn unseres Daseins und lassen uns mit ganz neuer Lebensfreude auf die Herausforderungen ein.

Frauen und Männer finden zu einem ganz neuen Miteinander, das sich wunderbar ergänzt. Es kommt auf die gemeinsame Ausrichtung an. Wollen wir unser *Selbst* leben und diese Freude am Sein aus uns herausstrahlen lassen? Oder lassen wir uns von alten, ausgedienten Mustern leben?

Ich liebe dich

Ich liebe dich
für dein So Sein
Ich liebe dich
für deinen Weg
den du gegangen bist

Ich sehe mich
in dir
ich liebe mich
in dir
Ich liebe dich

Ich liebe mich
ich liebe dich
ich liebe alles
ich bin Eins mit allem
in der Liebe

Wer authentisch sich *selbst* lebt, der ist klar in seinem »Ja« und klar in seinem »Nein«. Wir machen keine Zusagen mehr und beschweren uns dann darüber, dass wir sie getroffen haben. Eine Zusage heißt, die Entscheidung mit allen Konsequenzen zu tragen. Eine Absage heißt, sich auch gegen die Meinung anderer mit allen Konsequenzen zu stellen. Wenn eine Situation, die für Sie anfangs stimmig war, jetzt nicht mehr passend ist für Sie, dann bereiten Sie Ihren Ausstieg vor. Suchen Sie das, wozu Sie von ganzem Herzen Ja sagen können. Der aufkommenden Angst gegen diese Veränderungen begegnen Sie mit Ihrer *Selbst*-Liebe. Sie haben sich entschieden, Sie *selbst* zu sein, ein Weg, der zunächst holprig sein kann, jedoch zusehends lichter wird.

Das größte Hindernis auf dem Weg zur Freiheit der souveränen Eigenmacht ist das Gefühl der Minderwertigkeit, das uns im Zuge der Abspaltung von unserem Urgrund besetzt hält. Solange wir nicht bewusst Verantwortung für uns übernehmen, kommen wir nicht nach Hause zu uns *selbst* zurück. Wir bleiben Gefangene längst überholter Glaubens-, Denk- und Vorstellungsmuster, die ausgedient haben. Wir sind überzeugt, dass es nicht in unserer Macht liegt, etwas zu verändern; ein Trugschluss mit fatalen Folgen, wie wir überall auf der Welt beobachten.

Unsere Urahnen haben diese Verbundenheit gefühlt und sich danach ausgerichtet. Indigene Völker leben diese Einheit allen Seins in Ritualen und halten sie so für uns alle lebendig; das geschieht in großer Liebe trotz aller Verfolgung. Wir haben es vergessen, aber dieses Wissen ist in uns und je mehr wir uns öffnen, desto mehr Zugang erfahren wir. Auch leben diese zutiefst naturverbundenen Menschen uns vor, wie Jugendliche bewusst in die Erwachsenenzeit verabschiedet werden. Sie werden dem allumfassenden großen Geist überantwortet, der sie jetzt leiten wird. Sie wissen um die Einheit von Himmel und Erde, unserer kosmischen Eltern, und geleiten die Jugendlichen in diese Bewusstheit.

Blauer Mond

Zunehmen und
abnehmen
das weiche, kühle
Licht des Vollmonds
sichtbar und
unsichtbar
Werden und
Vergehen
ein Rhythmus
ein Weg
ein Ziel
Weg und Ziel
sind *eins*

Jeder Mensch ist einzigartig, jeder hat seine Individualität. Im Bewusstsein der Einheit bringen wir das, was uns selbst ausmacht, unser ganz persönliches Potential zum Wohle aller ein. Wir sind ganz wir selbst. Wir versuchen nicht, jemanden nachzuahmen. Die Arbeit an unserer Persönlichkeit trägt die Früchte der Zufriedenheit. Wir sind im Frieden mit uns; es gibt nichts mehr zu bekämpfen. Es gibt jetzt nur noch den Weg der Mitte, der Ausgeglichenheit, der Ruhe, der Besonnenheit. Der Frieden in uns schließt den Frieden mit den äußeren Umständen ein. Liebe ist Annahme in voller Konsequenz. Das ist die Basis für das neue Miteinander.

Schönheit

Sie schlummert
verborgen in uns

Sie wartet
entdeckt zu werden

In jedem von uns
will sie erblühen

Mut lässt uns
zu ihr vordringen

Und irgendwann
gibt es kein Halten mehr

Dann strahlt
die Schönheit von innen heraus

Versöhnlich sein bedeutet nicht, alles zu tolerieren. Ganz im Gegenteil, wir beziehen klar Stellung und handeln entsprechend unserer inneren Führung auch gegen die Widerstände im Außen, die sehr vehement sein können. Aber der Respekt für den anderen geht dabei nicht verloren. Wir hören zu, wir sagen unsere Meinung, aber wir achten den anderen als Mensch, der jetzt mit einem ganz gegenteiligen Konzept vor uns steht. Auch wenn der andere mit Argumenten auf uns losgeht, steigen wir in den Konflikt nicht ein. Wir weisen darauf hin, dass wir es erst einmal so stehenlassen, dass aber unsere menschliche Verbundenheit durch diesen Konflikt nicht erschüttert wird. Das Selbst-Mitgefühl, das Sie entwickelt haben, richten Sie als Mitgefühl an den anderen. Das ist uns allen möglich: Wir steigen nicht in einen Kampf um die besseren Argumente ein, sondern wir lassen Ruhe aufkommen. Wir öffnen uns dem Verständnis für den anderen und bleiben bei uns *selbst.*

Kapitel 12: Unsere souveräne Eigenmacht

Während meiner Studienzeit kursierte ein Satz, der mir sehr gefallen hat. »Stell dir vor, es ist Krieg und keiner geht hin.« Ja, stellen wir uns das einmal vor! Es beginnt im Kleinen in unserer Familie, im Freundeskreis, auf der Arbeitsstelle und endet im Großen, in unserer Gesellschaft und Politik.

Wir haben erfahren, dass wir unabhängige Wesen sind, die jederzeit die freie Wahl der Entscheidung haben. Auch wissen wir jetzt, dass die Freiheit aus der Verbundenheit resultiert und wir eine Verantwortung haben, diese Verbundenheit in der Einheit zu fördern, zu erhalten und zum Wohle aller zu gestalten.

Solange unser Persönlichkeits-Selbst noch oben auf der Klippe steht und wir uns nicht trauen, in die Führung der allumfassenden Schöpfungsenergie zu springen, sind wir Beobachter. Wir schauen zu, was das Persönlichkeits-Selbst an Emotionen und Gedanken in einer Situation aufführt. Wir nehmen die aufkommenden Gefühle an und bringen uns selbst gegenüber Mitgefühl dafür auf, dass wir das jetzt gerade durchmachen. Wir treten einen Schritt zurück und reagieren nicht sofort. Wir warten ab und lassen uns nicht in diesen Strudel hineinziehen. Wir gehen in die Stille, in unser Herz, und fühlen in diesen Aufruhr hinein. Wir üben uns in Geduld, bis wir eine Antwort auf die ungelösten Fragen in uns gefunden haben, die im Einklang mit unserem *Selbst* ist und nicht den alten Gedankenmustern entspringt.

Sie werden einwenden, wie das möglich sein soll, wenn Sie zum Beispiel in einer wichtigen Sitzung eine Entscheidung zu treffen haben. Sie haben die Wahl, für eine Pause zu sorgen. Sie können aufzeigen, wie Ihr Entscheidungsprozess verläuft. Vielleicht stoßen Sie auf Verwunderung, oder manche sind belustigt. Es werden auch Menschen darunter sein, die sich dieser Vorgehensweise öffnen. Das Wichtigste ist, Sie lassen sich nicht beirren.

Und so kann sich jeder und jede von uns in diesem Moment für ein gesundes, freundliches, nachhaltiges Miteinander entscheiden. Jeder Mensch ist dafür wichtig, und jeder Schritt in diese Richtung führt zu einem neuen, freudigen Leben hier auf unserer Erde.

Ich zähle nicht die Beispiele auf, die großes Unheil und immensen Schaden anrichten. Wir wissen es alle: Wir sind an einem Punkt angekommen, an dem wir alle gefragt sind, eine tiefgreifende Veränderung zuzulassen. In unserer Beobachterposition überlassen wir nicht mehr unserem Verstand das Terrain. Wir nehmen die Zügel für uns selbst in die Hand und entscheiden frei von den alten Mechanismen.

Die Veränderung, die ansteht, ist eine Veränderung des Bewusstseins. Die meisten Menschen folgen dem kollektiven Bewusstsein. Sie lassen sich von den Nachrichten, die ständig auf sie einprasseln, beunruhigen, in Angst versetzen und sogar zu panischen Reaktionen verleiten. Wenn wir jedoch den Weg in unser Inneres antreten, erwerben wir ein Gespür für das, was wahr und was falsch ist, und lassen uns nicht in etwas hineinziehen, das wir als Machtmissbrauch entlarvt haben. Der angst- und trennungsgeprägte Verstand nimmt sich als eigenständig aus sich selbst heraus existierend wahr. Wir wissen jetzt, dass das eine Illusion ist, die wir kraft unserer Gedanken erschaffen haben. Der Verstand hat keine Substanz, er wird immer von unseren Impulsen gespeist und hat sich zum Herrn in uns aufgeschwungen. Die Verzweiflung, die uns überkommt, kennt nur der Verstand, der das Ich und das Du als getrennt erlebt. Die Einheit kommt aus dem Herzen. Die Trennung an sich ist nicht existent; sie ist eine Blase, die wir aus Unwissenheit selbst geschaffen haben, ein Schleier, der die Sicht versperrt.

Verzweiflung

Verzweiflung kennt
nur der abgetrennte Verstand

Angstgeprägt wählt
er Tod und Zerstörung

Entweder/Oder
Gewinner/Verlierer

Die Weisheit des Herzens
lebt das Sowohl-als-Auch

Ich und du sind eins –
Friedfertigkeit ist die Lösung

Ich weine über
das fehlende Mitgefühl

Ich weine über
die fehlende Bereitschaft zur Innenschau

Innere Arbeit ist der Pfad
zum Frieden mit und in der Welt

Das Du, das du siehst
bist du Selbst

Von der Angst
ins Vertrauen

von der Spaltung
in das Miteinander

vom Haben-Wollen
ins Sich-Verschenken

in der Liebe
die wir tief im Inneren sind

Eigenmacht bedeutet, immer und zu jeder Zeit die freie Wahl zu treffen. Wir haben erfahren, dass diese Freiheit nicht gegeben ist, solange wir unserem Persönlichkeits-Selbst die Macht überlassen, unser Verhalten zu steuern. Dieses kleine Selbst ist äußerst empfindlich und reagiert mit Trotz und Widerstand, wie wir wissen. Aber wir haben die Wahl, zu unseren Schwächen und Fehlern zu stehen und können uns bei Fehlverhalten um Schadensbegrenzung kümmern. Wir übernehmen die Verantwortung für das Geschehen und bieten eine Lösung an. So wird aus der Schwäche Stärke, denn wir fühlen mit, wenn anderen ein Missgeschick geschieht, zeigen Verständnis.

Liebe Leserin, lieber Leser, es gibt keinen Schuldigen im Außen. Wir lernen hier, bewusst die Verantwortung für uns selbst zu übernehmen und erfahren dadurch den Wandel unseres Bewusstseins. Wir sind nicht mehr hilflos den Wirren des Lebens ausgesetzt, sondern wir durchschauen das Muster dahinter. Wir fühlen uns der kosmischen Ordnung wieder zugehörig, spüren diese in uns und bedürfen im Außen keiner Regeln. Von dieser allumfassenden Energie lassen wir uns zu unserer ganz eigenen Aufgabe inspirieren: zu dem, was wir mit Freude und Kreativität in die Welt bringen wollen, weshalb wir hier sind.

Annahme

Annehmen
was da ist
nicht lenken
mitfließen

Das ist der Mut
alles zu fühlen
alles anzunehmen
und *sein* lassen.

*Selbst*bestimmt,
die Ausrichtung jetzt
das Eigene in die Welt bringen
für das wir gekommen sind

Mitgefühl
schwingt in uns allen
Zuversicht
ebnet den Weg

Ruhe und Frieden in uns
lässt das Neue sprießen
Intuition ist
Vertrauen

Solange wir dieses Ur-Vertrauen nicht wiedererlangt haben, haben wir das Gefühl, ständig etwas tun zu müssen. Unser Verstand treibt uns vorwärts. Es gilt, immer wieder innezuhalten und sich zu fragen: »Was rät meine innere Stimme mir?« Auch wenn Sie diese Stimme noch nicht so deutlich vernehmen, gilt auch hier: Übung macht den Meister. Sie kommen vom »Tun-Müssen«, zum »Aus-der-Freude-heraus-Sein«. Ihr Körper drückt aus, ob Sie sich in der Balance befinden, und Sie haben die Wahl, auf diese Signale zu hören.

So wie es keinen Schuldigen gibt, so gibt es keine Fehler. Alles ist nur unsere Bewertung. Das bedeutet nicht, dass wir dem Machtmissbrauch Tür und Tor öffnen. Wir haben dazu ein klares Nein. Aber wir fallen jetzt nicht über vermeintlich »Schuldige« her. Natürlich stehen Sie in der Verantwortung für Ihr Verhalten – wie jeder von uns. Aber wir bleiben im Umgang miteinander menschlich. Es nützt niemanden, wenn wir in alte Muster zurückfallen und sogenannte Feindbilder aufstellen. Wir alle gemeinsam haben uns in diese Situation gebracht, in der wir uns nun einer neuen Lösung öffnen. Wer hier, resistent gegen das Neue, die alten hierarchischen Strukturen aufrechterhalten will, der muss seinen Platz räumen. Es sind viele Kräfte am Wirken, die dies bewerkstelligen, das geht weit über unser Verstandesbewusstsein hinaus. Wir wissen nicht, wie es aussehen wird, dieses Neue, aber wir wissen, welche Strukturen wir nicht mehr bedienen. Und es gibt jede Menge Potential, das Miteinander zu gestalten. Es war bisher nicht gewollt, es gab bisher keine Bereitschaft im kollektiven Denken. Doch eben dies ändert sich gerade.

Der tiefe Sinn des Lebens liegt darin, die Illusion zu durchschauen und wieder in die Einheit zurückzukehren. Wir haben eine bewusste Entscheidung getroffen, uns wieder in einen Körper zu inkarnieren und diese Aufgabe zu bewältigen. Wir selbst haben die Wahl getroffen, welche äußeren Bedingungen unser Wachstum begünstigen. Es gibt nur eine Wahrheit und die ist universell, aus der Unwissenheit entwickeln wir unser bewusstes Sein – unser Bewusst-Sein.

Ende einer Reise

Die Liebe
liebt
einfach so
aus purer Lust
am Lieben

So Sein
in der Liebe
im ewigen
Jetzt

Kapitel 13: Einheitsbewusstsein

Am Ende der vielen inneren Wandlungsprozesse schauen wir in einen blank geputzten Spiegel und erkennen unsere eigene innewohnende Göttlichkeit. Wir wissen jetzt, wer wir sind, woher wir kommen und wohin wir gehen. Ein Gefühl der Glückseligkeit durchströmt uns. Es ist ein Aufblühen. Diese pure Liebesenergie und das allumfassende Bewusstsein erfahren wir mit allen Sinnen bis in jede Faser unseres Seins. Tief von innen heraus sind wir beseelt von dem Wunsch, diese Liebe weiter zu verschenken. Wir verströmen uns in Liebe, die wir nun durch uns fließen lassen und mit der wir mitfließen. Kein Persönlichkeits-Selbst oder Ego stellt sich dem mehr in den Weg und blockiert diesen Fluss. Wir erleben Freiheit, die aus der Verbundenheit erwächst. Gleichzeitig empfinden wir tiefes Mitgefühl für alle Wesen. Wir stellen uns vollkommen in den Dienst dieser Liebe und hegen den tiefen Wunsch, dass alle Menschen dieses Einheitsbewusstsein erfahren mögen und vollkommen in der Liebe leben.

Absichtslos

Kein Ziel mehr
das anzustreben es gilt

Keine Vergangenheit,
die sich vor das *Selbst* drängt

Absichtslos *jetzt*
eine Wonne

Erschöpft, leer, im Frieden
entspannt und konzentriert

Vielleicht stellen Sie sich die Frage, wie die Gültigkeit all dessen überprüfbar ist. Zunächst äußert sie sich in einer deutlich wahrnehmbaren Veränderung in der Persönlichkeit. Wir können es mit einer Tür vergleichen: Der einzelne Mensch hat den freien Willen und den Entschluss zu fassen, die Klinke herunterzudrücken und sich diesen Prozessen ausdauernd und beharrlich zu stellen. Mutige Vorbilder sind wegweisend.

Das kollektive Bewusstsein ist auf das polare Denken eingeschworen. Auf einer linearen Zeitachse geht es um immer mehr Wachstum, ohne zu erkennen, dass dieses Ziel in einer dualen Welt absurd ist. Das Ziel heißt *Einheit*. Die Chance liegt im gegenwärtigen Moment. Die Zeitachsen Vergangenheit und Zukunft laufen im Punkt des gegenwärtigen Augenblicks als kreisförmige Räume zusammen. Das Jetzt ist zeitlos, ewig. Sobald die Vergangenheit ihre Macht über uns eingebüßt hat, uns nicht mehr beherrscht und wir uns vollkommen lebendig fühlen im Jetzt, erfahren wir das Geschenk des ewigen Augenblicks. Die liebende Schöpfungsenergie und das allumfassende Bewusstsein sind in jedem Moment, in jeder Form der vielfältigen Erscheinungen auf der Erde und im Kosmos allgegenwärtig. Alles steht in direkter Beziehung zueinander, alles kommuniziert, alles ist lebendig und in stetem Wandel. Die Schöpfung hat sich selbst in den vielfältigen Formen gespiegelt. Alles ist gleich, alles ist göttlich.

Glücksinnlich

Diese Blüte
– Komplizin
wir lachen uns
ins Fäustchen

So frei
einfach nur
zu lieben
alle Facetten

das Leben
So reich!

Sich überraschen lassen
immer wieder
aufs Neue,
glücksinnlich.

Glückseligkeit ist ein Zustand. Wir können ihn nicht willentlich oder im Zuge unserer Suche nach uns selbst erlangen. Erfahren tun wir dieses Glück oder, besser gesagt, diese Glücksinnlichkeit mit allen Sinnen. Es ist ein Geschenk, das sich ganz von alleine einstellt, sobald wir unseren Weg ausdauernd und beharrlich gehen. Das ist das Erwachen in der Liebe; es gibt keine größere Erfüllung, es ist mit Worten nicht zu beschreiben. Leer geworden und frei von Altlasten, bilden wir ein Gefäß für die Fülle der Liebe, die wir erst jetzt tief in unserem Inneren zulassen können.

Das Weibliche in uns weiß, dass es keine Erfüllung im Außen gibt. Der ständige Wandel berührt die Glückseligkeit des Einheits- oder besser Liebesbewusstseins nicht. Vergleichbar ist dies mit dem Bild von über einen strahlend blauen Himmel ziehenden Wolken. Da kann zwar Sturm aufkommen, der Himmel jedoch bleibt stets gleich.

Dieses Sein ist die Mitte des Rades, das sich immer dreht. Die Mitte macht die Drehungen nicht mit, es ist der stille Urgrund, das zutiefst Weibliche. Eine Frau, die diesen Zustand erreicht hat, verliert ihre Freude und Liebe nicht, auch wenn die Wogen des Lebens hochspülen. Es ist ihr ureigenes Sein. Ein Mann, der in dieses Zuhause zurückkehrt, erfährt ein tiefes Gefühl der Geborgenheit.

Angekommen

Der Regenbogen
zeigt sich über
dem irdischen Berg

Keine Unterscheidung
Versöhnung
alles strahlt
von innen heraus

Putzt die Spiegel blank
auf dass Schönheit
in uns allen
sichtbar werde

Teil IV:

Unsere Neuausrichtung

Kapitel 14:
Das sind wir und das ist uns möglich

Im Bewusstsein der Einheit geht es jetzt um eine Neuausrichtung. Wir lösen uns von der Welt der Polarität und hören auf, Trennung und Spaltung zu erschaffen. Unser Bewusstsein hat sich in die Liebe hinein erweitert und kreiert nun im Sinne dieser Ganzheit ein Miteinander, das auf gegenseitiger Liebe, Freiheit und Achtung beruht. Der Fokus liegt auf dem Wohlergehen aller Wesen. *Selbst*-Verantwortung beinhaltet, dass wir die Fragen, die das Leben an uns stellt, für uns selbst ebenso wie für das *All-Eine*, das wir sind, beantworten. Die Freiheit besteht darin, Vorurteile, Prägungen, Vorstellungen und Anhaftungen hinter uns zu lassen, was uns ein *Da-Sein* im ewigen Jetzt offenbart.

> *Alles ist Energie.*
> *Gleiche dich der Frequenz der Realität an,*
> *die du möchtest, und du kreierst diese Realität.*
> *Das ist keine Philosophie, das ist Physik.*
>
> Albert Einstein

Auf dem Weg dorthin liegt eine große Verantwortung bei den Frauen. Sie verkörpern die universelle Schöpfungsenergie. Frauen sind aufgerufen, sich zu erinnern, dass ihre Schönheit die Macht der Liebe ist. Sie sind in der Lage, den Raum zu gewähren, in dem der trennungsgeprägte Verstand zur Ruhe kommt. Eine Frau, die sich ihrer *selbst* bewusst ist, gibt anderen eine Heimat. Sie vermittelt den Halt in den Wogen der sich ständig verändernden Welt. Eine Frau, die zu sich *selbst* nach Hause gekommen ist, zieht den männlichen Verstand in diesen Ruhepol. Diese Frau ist fest verankert in ihrem Bewusstsein der eigenen Göttlichkeit, erkennt das Göttliche in allem, was ist, und vertraut vollkommen auf ihre innere Stimme.

Sie weiß, dass es im Außen nichts zu suchen gibt, dass Erfüllung allein aus der Quelle allen Seins gespeist ist. Sie weiß um die Flüchtigkeit und Vergänglichkeit von Anerkennung und Ablehnung, lässt sich davon nicht beirren und bleibt sich *selbst* treu. Ihre spontane Präsenz speist sich aus dem Augenblick. Weder vorhersehbar, noch kontrollierbar, ist sie überaus kraftvoll. Sie ist zur Furchtlosigkeit ihres ewigen, unveränderbaren *Selbst* aufgebrochen und lebt aus der Weisheit ihres Herzens. Sie tritt unerschrocken nach vorn und bringt ihr Anliegen beherzt zum Ausdruck, frei und unabhängig von Bestätigung von außen. Sie ist fest verankert im Sein, weiß um ihre Wehrhaftigkeit und agiert statt zu reagieren. Sie schafft Tatsachen, sie führt, denn sie hat gelernt, allein zu sein und dieses Alleinsein ist für sie zu einem *All-eins-Sein* geworden. Liebe ist für sie nicht etwas, das es zu erringen gilt, sondern Liebe ist ein *Seins*-Zustand. Diese Frau ist in der Lage, zu ihrem klaren Nein zu stehen und allen hierarchischen, patriarchalen Herrschaftsstrukturen eine klare Absage zu erteilen. Das gilt im Kleinen, in der Familie und in der Partnerschaft, wie im Großen, im Beruf, in der Gesellschaft. Diese Frau zeigt sich. Von Männern, die den Weg in die Eigenverantwortung nicht gehen wollen, nimmt sie Abstand und lässt ihnen ihre Zeit, sich für ihren inneren Prozessen zu entscheiden. Bedienen tut sie sie nicht mehr.

Weiblich

Weiblich ist rund
ist weich,
ist zärtlich
zeigt sich verletzlich

Weiblich
fühlt
die Sicherheit
in sich Selbst

Weiblich
führt
Männlich zur Seele
in Frau und Mann

Weiblich
liebt,
lebt glücklich leicht
im Vertrauen

Es ist wunderbar
im eigenen
Weiblichen
zu Sein

Männer tragen die große Verantwortung, sich nicht mehr über das Weibliche zu erheben. Für die Männer gilt, die Verantwortung für die Folgen des Handelns aus dem trennungsgeprägten Verstand zu übernehmen. Es geht darum, das Weibliche weder zu belächeln noch es abzuwerten, es geht vielmehr im Gegenteil darum, es zu schützen. Es ist jetzt Zeit, dass Männer sich von den Frauen zu ihrer eigenen inneren weichen weiblichen Seite führen lassen. Die Frauen stehen dem *Selbst* näher, für sie ist es leichter, dorthin zu gelangen. Aber die Frauen fühlen sich schutzlos in dieser Welt und brauchen viel Kraft, um die eigene innere Männlichkeit, den eigenen inneren Schutz zu aktivieren. Zu massiv war die Unterdrückung und Ausbeutung des Weiblichen, und sie währte zu lange. Hier können Frauen sich von Mut und männlicher Tatkraft inspirieren lassen. Den Männern fällt es oft nicht leicht, die Kontrolle abzugeben und sich von innen her führen zu lassen. Der Liebe steht die Angst vor dem Kontrollverlust gegenüber.

Da wir sowohl männlich als auch weiblich sind, sind wir alle dazu aufgerufen, die eigene Opfer- und Täterschaft des Weiblichen und Männlichen zu integrieren, um uns endgültig von Schuld und Scham zu verabschieden. Deshalb heißt es für uns alle, bei Konflikten, nicht »aufeinander loszugehen«, sondern zu erkennen, dass hier im Verstand fest verankerte Verhaltensmuster wirksam werden, die die Beteiligten in eine dramatische Inszenierung verwickeln. Es gilt, dies zu akzeptieren, ohne es zu bewerten, und nicht noch den Versuch zu starten, das Gegenüber ändern zu wollen. Wir können uns in diesen

Augenblicken nur immer wieder daran erinnern, wer wir sind und was uns gerade aus diesem Bewusstsein heraus inspiriert.

Das lässt sich lernen, und wir werden immer besser und standhafter darin. Wir kommen zur Ruhe, denn die andere Person nimmt uns im Moment größten Aufruhrs so an, wie wir sind. Das ist Heilung für uns, denn das ist bedingungslose Liebe, das ist vollkommene Annahme – das ist Weiblichkeit in ihrer Urform. So finden das Weibliche und das Männliche sich ein zum gemeinsamen Tanz miteinander in der Freude am Sein, im Bewusstsein, vom eigenen *Selbst* gehalten, geliebt und getragen zu sein und diese Liebe schöpferisch zum Ausdruck zu bringen. Dieses Sein entlässt den anderen oder die andere vollkommen aus der Verantwortung für uns, das ist die Ent-Lastung.

Meine Vision ist, dass wir Menschen aus dem (Alp-)Traum der Dualität in die Realität der Einheit aufwachen und diese leben. Das ist ein wunderbares, glückliches Leben auf der Erde. Die Menschen leben aus Eigenmacht heraus, diese Freiheit erfolgt aus der Hingabe an das, was wir in unserer Essenz sind. Mein Mitgefühl für all das Leid ist unermesslich, meine Zuversicht, gemeinsam ein neues Miteinander zu erschaffen, ist stark, freudig und unverwüstlich. Die Liebe ist die bei weitem stärkste Kraft; allein mit der Liebe gelingt es, die vermeintlichen Gegensätze zu einen. Deshalb ist die gemeinsame Fokussierung auf unsere Ur-Kraft so entscheidend. Jeder einzelne trägt dazu bei, dass auch im kollektiven Bewusstsein diese Veränderung erfolgt. Auf diese Weise wachsen wir in den Wandel hinein und erschaffen mit unserem kreativen Potential diese Neuausrichtung mit. Vertrauen Sie auf die unvorstellbare Strahlkraft Ihres befreiten *Selbst*, vertrauen Sie auf die Kraft der Liebe. Das meine ich mit Aufstehen in der Weiblichkeit.

Nichts hält uns auf

Nichts hält uns auf
uns in
Schönheit
Freiheit
Liebe
zu zeigen

Mut zu uns selbst
Mut zu unserem *Selbst*
Liebeskraft
unaufhaltsam
Ihre Macht
verändert

Visionen werden wahr
Jetzt den Fokus
ausrichten auf
die Schönheit
die Kraft
die Liebe und
die Freiheit des *Selbst*

Nichts hält uns auf,
die Polarität zu verlassen
Nichts hält uns auf
unsere *Einheit* zu leben
Nichts hält uns auf
menschlich und liebend zu *sein*

Vielleicht meldet Ihr Verstandes-Bewusstsein jetzt sogleich Zweifel an, wie es möglich sein soll, dieser Zerstörung, diesem Leid, diesem Gegeneinander auf unserer Erde kraft der Liebe Einhalt zu gebieten. Lassen Sie uns deshalb noch einmal einen Blick darauf werfen, wer wir sind.

Wir sind energetische Wesen

Gelernt haben wir, die Welt in ihrer äußeren Erscheinung wahrzunehmen. Alles, was für das Auge sichtbar ist, halten wir für unsere Wirklichkeit. Es handelt sich aber bei allem um Energie, in diesem Fall um so stark verdichtete Energie, dass wir sie sehen, in die Hand nehmen, anfassen und berühren können. Dabei lassen wir alle feinstoffliche, ätherische Energie außer acht. Doch auch diese sind wir mit unserer im Laufe der inneren Prozesse immer feinfühligeren inneren Wahrnehmung in der Lage zu spüren, zu berühren und zu sehen. Die Entscheidung, diese Tür zu öffnen und sich in diesen Erfahrungsbereich zu begeben, liegt bei jedem einzelnen. Die Zeit ist reif, auch wenn die meisten von uns bislang noch nicht allzu viel zu dem anstehenden Wandel beitragen konnten: Zu tief war das Vergessen.

Also drücken wir *jetzt* die Klinke herunter und treten ein. Wenn wir unsere Wahrnehmung nach innen richten, wird uns unsere Feinstofflichkeit bewusst. Wir entdecken, dass um unseren physischen Körper ein leuchtendes Energiefeld, unsere Aura, in mehreren Schichten existiert, die Energiekörper. Sie sind über einzelne Energiezentren oder Chakren mit unserem physischen Körper verbunden und versorgen ihn darüber mit pulsierender, strahlender Lebenskraft. Für

unsere Gesundheit ist dieses Reservoir an Energie so wichtig wie die Versorgung mit Sauerstoff und Nährstoffen über den Blutkreislauf. Jeder Energiekörper besitzt seine eigene Schwingung: Sie ist dicht an unserem physischen Körper am niedrigsten und in der äußeren Schicht am höchsten.

Das leuchtende Energiefeld um unseren Körper enthält ein Archiv unserer persönlichen Erinnerungen. Dazu gehören unsere frühkindlichen schmerzhaften Erfahrungen und Verletzungen sowie unsere Wunden und Traumata, auch aus früheren Leben. Sie sind wie ein gespeichertes Programm, das durch entsprechende Impulse die gleichen Muster wie in der Vergangenheit aktiviert. Diese Eindrücke sind in voller Lebendigkeit und Gefühlsintensität abrufbar. Emotionen – zum Beispiel Angst, Wut, Traurigkeit oder Sorgen – lassen dunkle Wolkengebilde in der Aura entstehen. All die Zurückweisung, die wir erlebt haben, Schuld, Scham, mangelndes Selbstvertrauen und Einsamkeit senden ihre Schwingungen aus und teilen der Außenwelt unbewusst eine Botschaft über uns mit.

Hier tritt nun das Gesetz der gegenseitigen Anziehung in Kraft. Die Energiefrequenzen, die wir aussenden, ziehen gleiche Schwingungen aus der Umgebung an und verbinden sich mit ihnen. Das bedeutet, dass wir häufig genau mit den Menschen und Umständen konfrontiert werden, die das widerspiegeln, was wir bewusst meiden oder loswerden wollen oder wovor wir uns fürchten. So zieht die Frequenz Angst Situationen an, in denen der Mensch seine Angst immer wieder bestätigt sieht. Zeigt ein Mensch destruktive Emotionen, wird er mit Menschen zusammentreffen, die diese Schwingung ausleben.

Nehmen wir uns zum Beispiel vor, in bestimmten Situationen nicht mehr wütend und mit Härte zu reagieren, kann es passieren, dass wir jemanden begegnen, der uns gegenüber eben diese Verhaltensweisen an den Tag legt. Die gedankliche Zielsetzung führt zu keinem Erfolg; die Emotionen sind stärker und lassen sich nicht kontrollieren.

Ausschlaggebend ist die innere Haltung. Indem wir alle Erfahrungen und Prägungen des Emotional- und Mentalkörpers bejahen und uns die spontan auftretenden Bilder und Empfindungen anschauen, ohne sie zurückzuweisen oder zu verurteilen, wird diesen Mustern der Nährboden entzogen, unser Seelen-Selbst kann das Kommando übernehmen und die Frequenz unseres höchsten Energiekörpers in unser gesamtes Wesen einfließen lassen. Mit zunehmender Auflösung der festgefahrenen Gefühls- und Gedankenstrukturen beginnen wir tiefe Gefühle bedingungsloser Freude und Liebe zu empfinden.

Unsere Energiezentren leuchten ursprünglich in den schönsten Farben und drehen sich kraftvoll. Durch nicht aufgelöste persönliche und kollektive Konditionierungen, das heißt, weiter fortwirkende destruktive Emotionen und festgefahrene Denkmuster, Vorurteile und Vorstellungen verlangsamen sie ihre Drehgeschwindigkeit, so dass wir weniger Energie zur Verfügung haben. Schließlich blockieren sie ganz, und unser Immunsystem bricht zusammen. Krankheiten zeigen sich schon in der Veränderung unserer Aura, bevor sie sich in unserem Körper ausdrücken. Dabei ist es weniger der Energievorrat, der nährt, als vielmehr die Reinheit der Energie, die wir aufnehmen. Und diese können wir selbst herbeiführen, indem wir nach innen gehen und uns bewusst der Aufgabe stellen, unsere Blockaden aufzulösen.

Betrachten wir als Beispiel das rote Wurzelchakra. Es steht in Verbindung zur Erde und dem Urvertrauen. Hier empfinden wir innere Sicherheit, spüren, unabhängig von äußeren Einflüssen, unsere tiefe Verbundenheit mit der Erde, unsere Geborgenheit, unsere Stabilität.

Dieses Vertrauen ist uns im Laufe der Kindheit verlorengegangen. Wir waren in unserer Abhängigkeit von den Erwachsenen darauf angewiesen, uns anzupassen. Das Gefühl, uns einfach für unser Da-Sein als wertvoll zu erachten und die Welt als einen freundlichen Ort zu erleben, ist erschüttert oder ganz verlorengegangen. Wir haben die Einsicht gewonnen, wir müssten etwas tun, um uns zu schützen, und uns anstrengen, um unseren Wert auszudrücken. Das fest blockierte erste Chakra führt zu Überlebensangst, Angst vor Veränderung und zu der Angst, nicht dazuzugehören, und löst im darüber liegenden Chakra energetische Leere aus.

Wir vermeiden es, diese Leere und diese Ängste zu fühlen und kompensieren sie unbewusst. So versuchen wir, um den inneren Mangel nicht zu spüren, uns durch Besitz Sicherheit zu verschaffen oder durch zu viel Essen, Sättigung zu erlangen. Wir lenken uns ab durch Beschäftigung: Bloß nicht zur Ruhe kommen, denn dann wird diese

Leere fühlbar. Durch dieses Verhalten schneiden wir uns ab von der Fülle und dem Reichtum, die uns umgeben.

Jedes Chakra steht für einen Lebenszyklus von sieben Jahren und verhilft uns zur Bewusstseinsentwicklung, indem wir diese innere Leiter im Zuge unserer Auflösungsarbeit emporklettern. Die unteren drei Chakren stehen mit unserem grobstofflichen physischen Körper in Verbindung und die oberen mit unserem feinstofflichen ätherischen System. So wie das Nabelzentrum die Mitte unseres physischen Körpers ist, so bildet das Herzchakra die Mitte des feinstofflichen. Es verbindet die oberen mit den unteren Energiezentren und ist der Umschlagplatz vom Unbewussten ins Bewusste. Im Alter von etwa 50 Jahren sind wir bei gesunder und bewusster Entwicklung, die auf Selbst-Erkenntnis abzielt, ganz natürlich in der Weisheit unseres Herzens angelangt und haben die Wiedervereinigung mit unserer Ursprungsquelle, dem göttlichen Urgrund, erfahren und verinnerlicht.

Haben wir die innere Arbeit außer acht gelassen, lässt uns in dem Alter oftmals das Gefühl innehalten: Ob das schon alles gewesen sei im Leben? Wir fragen uns, ob wir unseren Lebenssinn gefunden haben. Leider bleiben die meisten von uns im Bereich der unteren drei Chakren stecken und projizieren sich mit ihren eigenen Mustern im Außen, ohne aus diesem Traum, vielmehr Alptraum, zu erwachen. Ich gehe hier bewusst nicht näher auf die Energiezentren ein, von denen ich die Hauptchakren aufgeführt habe. Es gibt andere Unterteilungen und es gibt wesentlich mehr Energiezentren. Es soll hier nur ein Einblick gewährt werden.

Feinstofflich betrachtet gleicht der Mensch dem Regenbogen, dessen leuchtende Farben um den physischen Körper wirbeln.

Knapp über der Körperoberfläche fließen Ströme glitzernden Lichts, die in den trichterförmigen Strudeln der Chakren zusammenlaufen. Diese Lichtkanäle fließen auch innerhalb unseres Körpers und verbinden die Energiezentren miteinander. Sie haben die Aufgabe, die Lebensenergie durch das feinstoffliche Energiesystem zu leiten. Diese Lebensenergie ist reine Liebe, reines Bewusstsein. Es ist die reine Energie der Urquelle selbst, die sich in den vielfältigen Formen der Welt ausdrückt. Dieses Lichtnetz ist nicht nur wie ein Mantel über unseren physischen Körper gelegt, es wirkt in ihn hinein, befindet sich in jeder Zelle und verbindet im Inneren alles miteinander, wie es uns auch im Außen verbindet. Es ist wie ein Fischernetz, das über alles gelegt ist, in alles hineinwirkt und letztlich alles in seiner Essenz, in seiner Liebe hält.

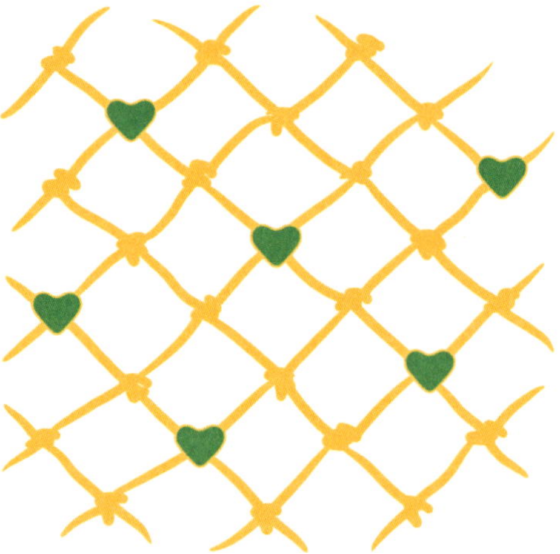

Auf diese Weise sind wir nicht nur mit allen anderen Menschen verbunden, sondern auch mit dem Tier-, Pflanzen- und Mineralreich. Alles kommuniziert miteinander, und so können wir die Botschaften aus der Natur in uns aufnehmen und im Einklang mit allem Leben sein. Es gibt nur das eine Bewusstsein, das uns allen zugrunde liegt, diese reine Liebe. Und das sind wir, das ist unsere Essenz: *reine Liebe*, bewusstes Sein, das den Schleier des Verstandes lüftet und nachsieht, was sich dahinter verbirgt.

Das ist die Herausforderung und unser aller Aufgabe. Jeder Mensch, der sich seines liebenden Herzens bewusst ist, klinkt sich in dieses Lichtnetz ein und speist es bewusst mit seiner Essenz. Auch alle anderen Menschen und Wesen werden von dem Lichtnetz gehalten, aber sie sind sich dessen noch nicht bewusst und damit selbst noch in der Wahrnehmung, von diesem Liebesfluss abgetrennt zu sein. Dabei spüren sie durchaus diesen Mangel in ihrem Leben, dieses fehlende Erfüllt-Sein.

Dieses Netz hält die Erde selbst und alles Leben auf ihr. Durch den Raubbau an der Natur, durch die Ausbeutung und Unterdrückung, ja nahezu Auslöschung des weiblichen Prinzips im Zuge der berechnenden Logik des machtergreifenden Verstandes ist das Lichtnetz schwach und rissig geworden. Ein innerer Wandel zum Einheits- oder, besser gesagt, Liebes-Bewusstsein, kann helfen, die großen Umbrüche, die jetzt anstehen, abzufedern. Allein die Liebe hat die Macht, Getrenntes zusammenzufügen. Die Erde ist von diesem Lichtnetz umgeben, das in sie hineinwirkt, so wie es in alles hineinwirkt, was existiert, bis in den subatomaren Bereich. Diese Essenz hält alles zusammen. Es ist unsere bewusste Entscheidung, diese zu sein und zu leben. Unser Herz weiß: Es ist möglich.

Nur wir Menschen können uns unseres Seins »bewusst sein« und den Raum der Bewusstwerdung durch unsere Erfahrungen erweitern. Die

Wahrheit darüber, wer wir sind, offenbart sich in einem Prozess, der immer weiter in die Tiefe geht. Aber in der Regel identifizieren wir uns mit dem physischen Körper, dem Materiellen. Der feinstoffliche Körper jedoch ist der ursächliche: Er ist es, der den neuen physischen Körper bei unserer Geburt auf Erden annimmt. Zum Zeitpunkt des Todes fällt der Körper, bestehend aus Fleisch und Blut, weg. Er zersetzt sich, und diese Energie geht an die Erde zurück.

Der feinstoffliche Körper, der sich aus den feinen Schwingungen, den Gedanken und Gefühlen zusammensetzt, bleibt bestehen. Dieser Körper begibt sich zusammen mit der Seele erneut auf eine Erdenreise, gefolgt wiederum von besagtem feinstofflichen Energiesystem. So läuft bei unserem Tod der Lebensfilm noch einmal vor uns ab, und wir sehen die noch unvollendeten Kreise. Diese verlangen eine neue Inkarnation, eine neue Erdenreise, damit besagte Muster gelöst werden. Ein Mensch, der sich von seinen Wünschen, Begierden, Sehnsüchten, Leidenschaften vollkommen gelöst hat, braucht kein neues Erdenleben mehr. Der feinstoffliche Körper war das Instrument, das uns auf diese weiterführende Reise gebracht hat. Eine weitere Geburt der Seele ist dann nicht mehr nötig, sie kehrt endgültig in die kosmische Einheit

zurück und wird eins mit dem Ganzen, wie ein Tropfen, der mit dem Ozean verschmilzt.

Mit unserer Bewusstheitsarbeit sehen wir uns diesen Lebensfilm schon jetzt an und führen einen Reinigungsprozess durch. Die Blockaden werden gelöst, so dass die Energie zunehmend freier fließen kann. Die dunklen Wolken im Energiefeld lösen sich mehr und mehr auf. Bei unserer Geburt auf Erden ist der Samen leer, und er enthält in dieser Leere, in diesem Nichts, die Fülle der allumfassenden Intelligenz. Die Seele mit den feinstofflichen Körpern »im Gepäck« inkarniert erst später.

Unser innerer Reinigungsprozess führt zur Vereinigung unserer männlichen und weiblichen Anteile.

Dabei ist das vierte Chakra, das Herzzentrum, von entscheidender Bedeutung. Sobald wir diese innere Versöhnung, diese innere Einheit erlangt haben, lösen sich alle Gegensätze auf. Die Polarität ist dann nicht mehr existent, die Individualität erloschen. Das heißt, die Spannung, als begrenztes Individuum mit dem unbegrenzten Kosmos konfrontiert zu sein, ist aufgelöst. Dazu ist es notwendig, sich vom eigenen Persönlichkeits-Selbst zu lösen und über die Identifikation mit unserem Seelen-Selbst, das noch mit dem feinstofflichen Körper verbunden ist, hinauszugehen. Wir erfahren, dass es nicht unzählige getrennte Seelen gibt, sondern dass alles eine Einheit ist. Wir haben an uns gearbeitet und sind sozusagen zu einem geschliffenen Juwel geworden. Jetzt ist das Bewusstsein da, dass nicht »ich« in diesem großen Ganzen existiere, sondern dass das Gesamte, dieses Ganze in mir, es erst ermöglicht hat, dass ich existiere. Diese Erkenntnis führt zu großer Demut und Dankbarkeit und zu tiefer Wertschätzung der eigenen Göttlichkeit sowie der Göttlichkeit in allem und jedem. Die Welle muss sich erst selbst aufgeben, bis sie zum Meer geworden ist. Das ist ein Gefühl unendlicher Fülle. Gehen wir einen Schritt weiter, steht dahinter das Nichts, das Nicht-Existente, die absolute Ganzheit, jenseits jeglicher Vorstellung.

Wir haben alle »Geländer« der Wegbegleitung losgelassen und den freien Sprung gewagt. Unterwegs werden wir auf Fähigkeiten geprüft, die uns nun möglich sind. Aber es ist einfach nur natürlich. Was unser

Persönlichkeits-Selbst als Wunder eingestuft hat, zeigt sich bei fortschreitender Erkenntnis als naturgegeben. Es ist wichtig, dass sich das kleine »Ich« nicht darin verstrickt. nach dem Motto »etwas Besonderes zu sein«. Wir alle sind einzigartig und besonders, und das große Wunder ist die Magie des Lebens selbst, das uns einen vollkommenen Entwicklungsprozess ermöglicht – in großer Liebe, wieder und wieder, bei allen Irrwegen, die wir mit unserem Persönlichkeits-Selbst unternehmen. Auf diesem Weg können wir nichts erzwingen; es gilt, nach und nach alle Schichten auszupacken.

Irgendwann ist ein goldener Lichtkranz über dem Kopf in der Aura wahrnehmbar, der »Heiligenschein«, der auf den Bildern »Erleuchteter« in diesem Sinne »Erwachter«, als »Heilige« geltende Personen zeigt. Diese Menschen sind nicht getrennt von uns oder gar unerreichbar, sondern wir alle tragen dieses Potential in uns, das andere, die diesen Weg bereits gegangen sind, uns vorleben. Wir können den Erfolg unserer Auflösungsarbeit nicht messbar nach außen projizieren. Sichtbar ist er dennoch, sei es durch die Veränderung unserer Persönlichkeit hin zu einer freudigen, entspannten, ruhigen, vollkommen friedlichen Gemütsverfassung, sei es im Zuge der Fähigkeit, spontan zu agieren im Hier und Jetzt, ohne von Altem fremdbestimmt zu sein.

Die Angst ist der Liebe gewichen, wir bewegen uns furchtlos. Wir blühen förmlich auf, hinein in das Getragen- und Gehaltensein, wir quellen über und verschenken uns in dieser Essenz. Wir erfahren uns als ein Gefäß, das niemals leer wird. Diese Liebe können wir Menschen mit unserem kleinen Persönlichkeits-Selbst niemals erreichen. Dieser Liebe können wir uns nur hingeben. Das erlöste siebte Chakra ist der Geist, der auf nichts mehr wartet, nicht auf GottIn, nicht auf Erlösung, nicht auf Wahrheit. – Es ist ohne jeden Wunsch. Das ist pures Dasein, das ist ein Zustand von Seligkeit – vollkommenes Bewusstsein.

Die Vereinigung unserer weiblichen und männlichen Anteile im Inneren lässt die sogenannte Kundalini-Energie aufsteigen. Alles, was im Äußeren existiert, ist auch in unserem Inneren existent. So wie Himmel und Erde in der äußeren Welt vorhanden sind, so sind sie auch in uns präsent. Die männliche Energie, der Himmel, der »Vater« in uns, befindet sich im 7. Chakra, über dem Scheitelpunkt des Kopfes, es ist der Bereich des höchsten, des göttlichen Bewusstseins. Die weibliche Energie, die Erde, die »Mutter« in uns, hat ihren Sitz am unteren Ende der Wirbelsäule, im ersten Chakra, im Wurzelchakra.

Kundalini heißt wörtlich »die Zusammengerollte«. Dort hat sie sich wie »Dornröschen«, in der Umkehrung des Evolutionsprozesses, schlafen gelegt. Hier ist der Prozess der Schöpfung als Individuum beziehungsweise als Seele zur Vollendung gekommen, und von hier erfahren wir auch den Impuls, wieder ins unendliche, göttliche Bewusstsein zurückzukehren. Der Geist muss sich so lange verkörpern, bis er aus freien Stücken erkennt, dass in ihm das Streben nach der Einigung mit GottIn angelegt ist. Die weibliche Energie steigt auf und vereinigt sich mit der männlichen Energie.

Diese »kymische Hochzeit« bezeichnet man als Rückverschmelzung aller Seelenanteile zu einer Wesenheit. Das heißt, der Mensch ist zwar in einem weiblichen oder männlichen Körper hier in die duale Welt hineingeboren, er hat aber die Täuschung der Trennung überwunden. Er erfährt sich als Einheit, sowohl weiblich als auch männlich. Am Ende ihres Lebens ist diese Person in die Androgynität zurückgekehrt: Sie wäre dann in ihrem Bewusstsein weder männlich noch weiblich und würde diesen Inkarnationszyklus im Physischen beenden und sich zu den aufgestiegenen Meistern begeben.

In den indischen Weisheitslehren stehen Shiva und Shakti für die Polarität des Männlichen und Weiblichen. Sie gelten als die »Eltern« des gewaltigen inneren und äußeren Universums. Sie erscheinen als zwei und sind doch niemals getrennt und in Wirklichkeit eins.

Was heißt das für uns?

Der Auflösungsprozess muss kontinuierlich von unten nach oben durch die einzelnen Chakren erfolgen. Denn Bewusstheit, ohne die Anbindung an die weibliche Energie der Liebe und des Mitgefühls, ist und bleibt getrennt und damit abgespalten. Wir sehen es häufig, dass Menschen sich nur mit den oberen lichten Chakren befassen und mit den unteren nichts zu tun haben wollen. Hier steckt aber die eigentliche Arbeit der Auflösung; allen anderen Bemühungen fehlt das Fundament des tiefen Mitgefühls, das unseren Lichtkörper hier verankert hält. Wer alle Schichten nach und nach ausgepackt hat, bleibt wie ein Fels in der Brandung, auch wenn die Wogen des Lebens sich noch so sehr auftürmen. Diese Person ist allein daran interessiert, dass auch die anderen Menschen diesen immerwährenden seligen und dabei höchst empfindsamen Zustand des Bewusstseins erreichen, dass auch alle anderen erfahren, dass sie diese allumfassende Liebesenergie sind. »Mögen alle Wesen glücklich sein!« – Das ist der Lebenssinn, das ist die Rückkehr in die Einheit durch vollkommene Übernahme der Verantwortung für sich selbst.

Dazu zitiere ich ein Gedicht von Sant Jnaneshwar, der vor 700 Jahren, im 13. Jahrhundert gelebt hat.

Ich bringe dem höchsten Gott und der höchsten Göttin
meine Verehrung dar,
den grenzenlosen, uranfänglichen Eltern
des Universums.
Der Liebende ist aus unbegrenzter Liebe
zur Geliebten geworden.
Beide bestehen aus derselben Substanz.
Beide teilen dasselbe Mahl.
Aus Liebe zueinander vereinigen sie sich.
Und wieder trennen sie sich – aus schierer Freude zwei zu sein.
Es ist Shiva allein, der in allen Formen lebt.
Er ist beides: Das Weibliche und das Männliche.
Es ist wegen der Vereinigung dieser beiden Hälften,
dass das Universum existiert.
Zwei Instrumente – ein Ton.
Zwei Blüten – ein Duft.
Zwei Leuchten – ein Licht.
Zwei Lippen – ein Wort.
Zwei Augen – ein Blick.
Diese beiden – ein Universum.

Sant Jnaneshwar

Inwieweit wir die Kundalini-Energie zulassen, ist abhängig von unserer Bewusstheit in den verschiedenen Lebensbereichen, die durch die Chakren repräsentiert werden. Und es hängt von dem Maß an Stress ab, ausgelöst durch unverarbeitete Erlebnisse, die Blockaden im Energiefluss verursachen. Beim Aufstieg der Kundalini-Kraft wird ihre Energie in jedem Chakra in eine andere Schwingung transformiert. Diese Schwingung ist im Wurzel-Chakra am niedrigsten und im Scheitel-Chakra am höchsten. Um zu diesem höchsten Ausdruck der Schwingungsfrequenz zu kommen, ist eine Bewusstheit erforderlich, die zur Öffnung der Chakren und einem ungehinderten Energiestrom führt. Je bewusster wir uns um unseren Energiehaushalt kümmern, desto aktiver werden die Chakren, wodurch die Bewusstheit weiter geweckt wird und sich ein beständiger Kreislauf der Beeinflussung hin zu einer höheren Schwingungsfrequenz entwickelt. Diese hohe Frequenz ist die Ursache für ein intaktes Immunsystem, das auch mit Viren aller Art auf ganz natürliche Weise durch Abwehrmechanismen des Körpers fertig wird.

Frauen und Männer sind energetisch verschieden

Die aus dem Dornröschenschlaf erweckte weibliche Energie ist unsere sexuelle Schöpfungsenergie, der Teil der Urschöpferkraft, der in jedem von uns angelegt ist. Allein sind wir uns dieser Kraft nicht bewusst, sie schlummert in uns im Verborgenen, so dass uns nur ein Bruchteil von dem, was uns eigentlich möglich wäre, zur Verfügung steht. Das Bewusstsein der Einheit erleben wir kurzzeitig im Moment des Orgasmus, Vorgeschmack dessen, was eigentlich unser Seins-Zustand ist. Dazu schauen wir noch einmal auf das Energiefeld, das Fischernetz, das hier auf Erden ein elektromagnetisches Feld ist.

Wir wissen alle, dass zwei Magnete mit entgegengesetzten Polen eine ungeheure Anziehungskraft entwickeln, wenn sie sich näherkommen und ihre entgegengesetzten Pole einander gegenüber liegen. Männer und Frauen sind energetisch verschieden. Sobald Frau und Mann sich gegenüberstehen, treffen sie auf die jeweils entgegengesetzten Magnetpole im anderen. Wir wissen auch, dass gleiche Pole sich abstoßen. Das energetische Herz der Frau in der Mitte der Brust ist ein Pluspol, dem steht der Minuspol des Mannes entsprechend gegenüber. Im Genitalbereich ist es umgekehrt, hier verfügt der Mann über den Pluspol, dem wiederum der Minuspol der Frau entgegensteht. Die magnetische Anziehungskraft beruht auf dem Zirkulieren der elektromagnetischen Energie.

Berühren sich zwei Magnete an den entgegengesetzten Polen, so wird das Energiefeld erheblich erhöht. Wenn das Paar beim Liebesspiel darauf abzielt, zum Orgasmus – zum »Punkt ohne Wiederkehr« – zu kommen, dann entlädt sich die kostbare sexuelle Energie außerhalb des Körpers.

Es besteht der große Irrtum, dass die Ejakulation des Mannes der Gipfel der orgastischen Erfahrung ist. Ekstase ist etwas anderes: Dazu brauchen wir die Erfahrung des *Seins* statt des *Tuns*. Lässt das Paar sich Zeit, ist es ohne Ziel – das heißt, der Verstand, der immer etwas erreichen will, ruht –, dann entsteht ganz natürlich ein ekstatischer Zustand. Wir lassen Zeit und Raum hinter uns und erfahren uns im Zustand dieses vollkommenen Erfüllt-Seins. Der Mann kann lernen, die Ejakulation zu vermeiden, die Frau nimmt bei diesem Liebesspiel die führende Rolle ein. Ohne die Mitwirkung der Frau ist es praktisch unmöglich, die sexuelle Vereinigung als göttliche Erfahrung zu erleben. Sie hat leichter Zugang zu ihrem intuitiven Wissen. Sie weiß es tief in ihrem Inneren, dass sie diesen Energiestrom in sich selbst erfahren kann, ohne dass er von außen durch den Mann ausgelöst wird.

Eine Frau, die in sich ruht, kann im gemeinsamen Liebesspiel den Mann auf diese Reise mitnehmen. Er macht dabei eine tiefgreifende Erfahrung, die ihn seinem *Selbst* nahebringt und ihn mit der ihm innewohnenden Ruhe, mit seinem inneren Frieden und Geborgenheit in Kontakt bringt. Alle Bemühungen, zu einem Orgasmus zu gelangen, blockieren die Ausdehnung der Energie, die dabei entstehende Anspannung hindert den natürlichen Energiefluss. Es ist ein Zustand ekstatischen Seins: etwas vollkommen anderes, als wir normalerweise im Liebesspiel erfahren. Wir Frauen haben dieses Wissen vergessen, aber wir erinnern uns.

Um diesen Zauber der Begegnung gemeinsam mit unseren Partnern erneut zu entfachen, gilt es, sich von der Praxis des männlichen zielgerichteten Sex zu verabschieden. Wir sind aufgerufen, wieder in den Genuss der sich ausdehnenden sexuellen Energie zu gelangen –

und es ist die ganz zarte, sinnliche Berührung, die uns dahin gelangen lässt, vorausgesetzt, wir lassen uns ganz bewusst im Hier und Jetzt auf uns selbst und den Partner ein oder entfachen selbst in uns diesen Kreislauf. Allein durch Gedankenkraft ist dies möglich: Die Energie folgt der Aufmerksamkeit. Es ist die Absichtslosigkeit und Mühelosigkeit des Seins im gegenwärtigen Augenblick. Es ist eine Erfahrung der Einheit, die wir sind. Beim Sex, der auf die Fortpflanzung abzielt, wird die Energie nach unten ausgeschüttet. Schon vor mehr als fünftausend Jahren erkannte man diese Zusammenhänge in Indien mittels Tantra. Das Aufsteigen der Energie vollzieht sich in einem vollständigen Kreislauf, der spiralförmig durch die gereinigten Energiezentren wiederholt aufsteigt. Das geschieht in einer aneinander gereihten, bewussten Wahrnehmung magischer Augenblicke, die sich ununterbrochen wandeln. Das ist das Loslassen des Persönlichkeits-Selbst, das immer nach vorn oder zurückschauen will und nicht im Moment verweilen kann. Denn der Augenblick ist der Tod des Verstandes-Selbst.

Wenn wir in uns selbst die Aussöhnung unserer weiblichen und männlichen Anteile erfahren haben, ist ein Zustand des inneren Friedens ein Dauerzustand. Er hat Bestand auch unter extremen äußeren

Bedingungen und bleibt im Energiefeld fest verankert. Wir wissen immer, wer wir wirklich sind, und fühlen uns verliebt ins Leben. Tantra bedeutet die vollständige Annahme des Lebens. Trauer, Leid und Schmerz sperren wir nicht mehr aus, sind sie doch ebenso Teil unseres Daseins. Dass wir den Schmerz in uns fühlen, halten und ihn wieder gehen lassen können, ist uns bewusst, somit sind wir nicht mehr Gefangene dieser Gefühle.

Die Dualität der Welt erfahren wir erstmals bei unserer Geburt im Zuge der vermeintlichen Trennung: in einem männlichen oder weiblichen Körper. Wir begeben uns auf die Suche nach dem Gegenpol, der uns wieder vollständig machen soll. Die Reise zeigt uns jedoch, dass wir schon immer vollständig waren, dass in jedem, ob Frau oder Mann, der Gegenpol lediglich schlummert und nur darauf wartet, geweckt zu werden.

Ekstatisch sein

Reinheit fühlen
mit jedem Atemzug

Die Früchte des Muts
sind das Weiche und Sanfte
die Zartheit
unser feinstes Fühlen

Nur durch innere Reinigung
wird das Subtile spürbar
durch klare Grenzen
der Grenzsetzung
offenbart sich Verletzlichkeit

Freudiges Entzücken
Prickeln auf der Haut
durchströmen
in Wellen uns
in jedem Augenblick

ganz da sind wir und
lassen uns berühren

Ekstatisch sein
kein Ziel erreichen
es stellt sich ein
wenn wir unsere Unschuld
unsere Reinheit
unsere göttliche Essenz
erfahren

Es ist an der Zeit, dass jetzt wir Frauen in diesem so essentiellen Bereich unseres Miteinanders die Führung übernehmen. Frauen müssen, und ich sage das jetzt sehr direkt, Frauen *müssen* zu sich selbst zurückfinden und dürfen sich die Führung des Ur-Weiblichen nicht mehr aus der Hand nehmen lassen. Gerade unter diesen Bereich so voller schmerzhafter Erfahrungen muss jetzt ein Schlussstrich gezogen werden. Mütter sind aufgerufen, ihre Töchter einzuweihen, Großmütter ihre Enkellinnen. Es ist jetzt an der Zeit, umzukehren, denn dieses sinnliche, sexuelle Zusammensein heilt in der Tiefe.

Wir leben in einer Zeit, in der die männlich dominierte Ratio, gemeinhin als Verstand bezeichnet, außer Rand und Band geraten ist. Es ist jetzt an der Zeit, dass auch er in seine Heimat zurückfindet, in sein *Selbst*. Hier übernimmt die Frau die Führung, denn ohne ihre Hingabe an den Augenblick ist es praktisch für beide unmöglich, dorthin zu gelangen.

Der Mann ist aufgerufen, sich seiner männlichen Qualität zu erinnern, auf einfühlsame Weise mit dem Körper der Frau zu kommunizieren, einfach mit der Energie mitzufließen. Ohne Anstrengung, ohne Ziel, was auch für Männer eine enorme Entlastung bedeutet. Sie müssen nichts tun, es einfach geschehen lassen und genießen. Es geht nicht um Erfolg oder Höhepunkt, es geht um den Genuss der sinnlichen Erfahrung.

Die Männer haben sich sehr daran gewöhnt, dass die Frauen sich nach ihnen richten. Nur wenn die Frau auf sich und ihren Körper hört, sich nicht auf das Tun einlässt, sondern im Geschehen-Lassen bleibt, können beide in einen wellenförmigen, auf- und wieder abklingenden Tanz der Energien eintreten. Diese Art der Begegnung nährt und erfüllt beide nachhaltig und hat eine tief heilende Auswirkung. Es ist diese weibliche Herzensenergie, die beide trägt und Wärme ausstrahlt. Liebe Frauen, erinnert euch daran, dass ihr die Gastgeberinnen seid, die den Gast, den Mann, zu sich einladen. Frauen sind aufgerufen, wirklich tief in sich hineinzuhorchen, ob und wann sie zu dieser Vereinigung eine Einladung aussprechen.

Urprinzipien und Urgesetze

Der Mensch, der sich bewusst ist, dass er die Verbindung von Himmel und Erde verkörpert, hat sich im wahrsten Sinne aufgerichtet. Er hat die Täuschung des linear ausgerichteten Verstandes, gefangen zu sein in Zeit und Raum, durchschaut und erkennt die Urprinzipien, die allem Sein innewohnen. Sie durchdringen vertikal die Vielfalt der Erscheinungsformen. Alle Systeme, alle Kulturen entwickeln und erkennen immer dieselben universalen Zusammenhänge.

Alles, was die Natur hervorbringt, geschieht in der Dreiheit von Körper, Seele, Geist. Für den Geist setzte man das Symbol des Kreises, der die Einheit symbolisiert. Für die Seele den Halbkreis oder, besser gesagt, eine Schale, welche für die Aufnahmefähigkeit steht, und schließlich für den physischen Körper das Kreuz. Das Kreuz kommt allein nicht vor, da Materie ohne eine der beiden anderen Prinzipien nicht lebensfähig ist. Aus diesen drei Grundsymbolen bildete man durch Zusammensetzen die Symbolbezeichnungen der einzelnen Urprinzipien.

Wie an dem Tag, der dich der Welt verliehen,
die Sonne stand zum Gruße der Planeten,
bist alsbald und fort und fort gediehen
nach dem Gesetz, wonach du angetreten.
So musst du sein, du kannst dir nicht entfliehen,
so sagten schon Sybillen, so Propheten,

und keine Zeit und Macht zerstückelt
geprägte Form, die lebend sich entwickelt.

Johann Wolfgang von Goethe, *Orphische Urworte*

Die Himmelskörper, Merkur, Venus, Mars, Jupiter, Saturn, Uranus, Neptun, Pluto sowie Sonne und Mond, sind Repräsentanten von Urprinzipien. Die Astrologie lehrt die Auswirkungen dieser Prinzipien auf die verschiedenen Wirklichkeitsebenen. Unser Geburtsdatum gibt Aufschluss darüber, zu welcher Konstellation der Urprinzipien und -gesetze wir unsere Erdenreise angetreten haben. Unser Geburtshoroskop zeigt auf, mit welchen Kräften wir es auf unserem Weg in welcher Zusammenstellung zu tun haben, das heißt, was es für uns zu lernen und zu integrieren gibt. Dabei geht es weniger darum, die Zukunft vorherzusagen, als vielmehr darum, Einsicht in die Kräfte und Gesetzmäßigkeiten, die hier am Wirken sind, zu gewinnen. Wir alle haben ein persönliches Lebensziel. Die Verwirklichung dieses Potentials ist unsere größte Freude. Um es zu entwickeln, sind wir Schritt für Schritt auf unserem Erkenntnisweg.

Die tiefen Geheimnisse der Zahlen wiederum weisen uns den Weg; sie spiegeln die Entwicklung der Schöpfung im Dreierschritt.

Die 1 steht für die Urquelle von allem, was ist, für die Einheit allen Seins. Sie ist in jeder anderen Zahl enthalten, das heißt, diese Essenz ist in jeder Form der Schöpfung existent, vom kleinsten Atom bis in die Planeten selbst. Bevor etwas sich manifestieren kann, geht von der Einheit 1 der Urquelle ein schöpferischer Impuls aus.

Aus der 1 wird die 2 erschaffen und enthält folglich die 1, die gesamte Einheit, denn die 1 ist in allen Zahlen enthalten. Die 2 steht in Spannung zur 1, diese Spannung erzeugt etwas Neues, die 3.

Die 3 ist das Resultat des Schöpfungsvorgangs. Wir können es übersetzen mit These/Antithese/Synthese. Dieser Dreischritt findet zunächst noch rein im Bewusstsein statt, auf der geistigen Ebene und hat noch keine äußere Form erschaffen, das erfolgt mit der 4.

Bei der 4 geht es ins Materielle, und es erweist sich, dass jede Form der Materie diese Dreiheit des reinen Schöpfungsbewusstseins in sich birgt.

Bei jeder Schöpfung erfolgt ein Impuls aus der Einheit 1 mit einem aktiven männlichen Impuls, dieser trägt den Plus-Pol. Die 2 ist das weibliche empfangende Prinzip, das den Impuls aus der Einheit aufnimmt, sie trägt den Minus-Pol. Die 3 ist das Ergebnis aus der Spannung des männlichen und des weiblichen Prinzips mit einem Plus-Pol. Aus »Für« und »Wider« entsteht etwas Neues, es enthält das »Sowohl-als-Auch«. Erst mit der 4 geht das Resultat des ersten Schöpfungs-Dreischritts auf eine andere Ebene und trägt den Minus-Pol. Die 4 verkörpert die Materie.

Dieser Dreischritt zeigt sich in folgendem Urgesetz: Feuer ist das aktive, schöpferische Prinzip, der Gegenpol ist das aufnehmende, formbare Wasser. Das Luftelement schafft den Ausgleich zwischen den beiden Elementen. Die Erde ist kein reines Prinzip, sondern die Mischung aus den ersten dreien. Über den 3. Schritt hinaus, entwickelt sich nicht etwas Neues, vielmehr zeigt sich die Einheit 1 auf einer anderen Ebene.

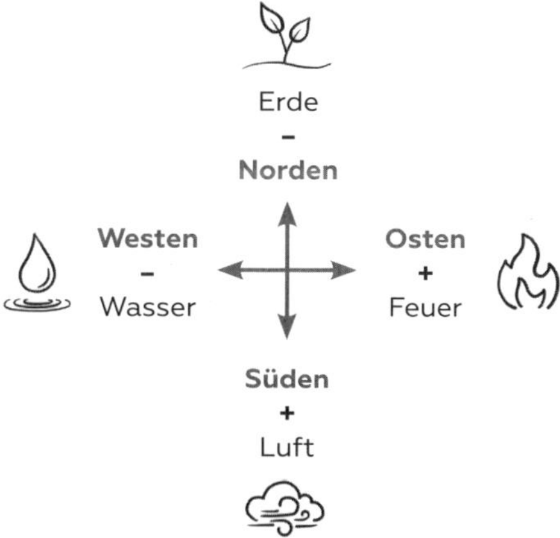

Dem männlichen Prinzip entspricht die Sonne mit einem Plus-Pol und dem weiblichen Prinzip der Mond mit dem Minus-Pol. Tag und Nacht, Helligkeit und Dunkelheit, für etwas eintreten und gegen etwas aufstehen: Wir Menschen sind in dieser Dualität gefangen. Es ist zum Ver-*zwei*feln – wobei die Zwei hier der *Ein*heit entgegensteht und so am Ende zur Ver*zwei*flung führt. Der Schritt heraus besteht in der *Ein*-sicht, dass es kein absolutes Ja oder Nein gibt. Der Dualismus der scheinbar unversöhnlichen Gegensätze ist immer vom Standpunkt und Blickwinkel des Betrachters abhängig.

Die Lösung liegt im dritten Punkt, in der Existenzberechtigung aller Möglichkeiten. Alle sind Bestandteile der Einheit, das vermeintlich »Böse« ist der Thronsitz des »Guten«. Wer irgendetwas ausschließt, schließt einen Teil des Universums aus, dem er selbst angehört. Jeglicher Kampf ist deshalb gegen einen Teil in uns selbst gerichtet und somit gleichermaßen gegen die Schöpfung, die Urquelle selbst. Dennoch sind wir zu einer Klarheit in unseren Entscheidungen aufgefordert: ein klares Ja mit allen Konsequenzen, ein klares Nein mit allen Konsequenzen.

Oft versuchen wir uns aber durchzumogeln und machen halbherzige Zugeständnisse oder Absagen, bei denen wir das Unangenehme ausschließen wollen. Es kommt zu einem Ja-aber oder Nein-aber. Selbstverantwortung bedeutet diese Klarheit, die alle Konsequenzen der Entscheidung einbezieht oder sich neu positioniert, wenn die Ausgangslage sich ändert. Die Dualität können wir nehmen als das, was sie ist: ein Zusammenspiel der Kräfte, ohne die es uns nicht gäbe und ohne die wir nicht selbst wirksam sein könnten.

Das Ziel ist die Einheit, die die Gegensätze der Dualität umschließt. Das Prinzip dieser Gegensatzvereinigung ist die reine bedingungslose allumfassenden Liebe. Von der Zahl 1 als die All-Einheit kann sich unser auf die Dualität ausgerichteter Verstand keine Vorstellung machen. Die Zahl 1, die Quelle allen Seins, kann nur durch ihre Ausdehnung erfahrbar werden, so wie das Göttliche durch die Schöpfung selbst. Der Weg ist das Ziel, der Lehrmeister ist das Leben, und der Mensch erschafft sich auf seinem Weg sein Selbst, sein *Selbst*-Bewusstsein. Wir leben in der dualen Welt, wir erfahren auf unserem Weg, dass wir zwar in dieser Welt, aber nicht von dieser Welt sind. Die (Er)Lösung erfolgt deshalb nicht aus dem auf die materielle Welt ausgerichteten Verstand, vielmehr erwachsen die Impulse, etwas zu tun oder sein zu lassen, aus der Weisheit des Herzens, das uns in der Verbundenheit hält. Es gilt, uns zusehends für diese leise weise Stimme in unserem Inneren zu sensibilisieren und ihr Folge zu leisten.

Das ist die Herausforderung, denn die meisten Menschen setzen auf das Verstandes-Denken, den Mainstream. Das Massenbewusstsein ist sich dieser Zusammenhänge nicht bewusst und lässt sich folglich lenken. Nur der auf sich *selbst* bezogene Mensch widersteht dieser Strömung und folgt dem Weg des eigenen Herzens. Dieser Weg stößt im Außen nicht selten auf Ablehnung. Es erfordert Mut, sich dann selbst treu zu bleiben und die eigenen Ziele nicht für den Preis kurzfristiger Anerkennung aufzugeben. Im Einheitsbewusstsein lösen wir uns von der vermeintlich damit verbundenen Spaltung und Trennung. Wir treffen klare Entscheidungen, wohl wissend, dass wir nur auf diese Weise in der Lage sind, unsere Wirklichkeit im Einklang mit unserem Herzen zu erschaffen. Die langfristigen Folgen unseres Handelns oder unseres Unterlassens sehen wir aus dem Käfig unseres Verstandesbewusstseins nicht. Nur die Weisheit des Herzens bezieht alle Folgen mit ein und trifft Entscheidungen, die der Verstand nicht nachvollziehen kann. Wir sind die Schöpfer unserer eigenen Schöpfung, unserer eigenen Wirklichkeit mit allen Konsequenzen.

Die heilige Geometrie

Es gibt 9 Zahlen (3 x 3) und damit 3 Ebenen der Entstehung der Schöpfung. Der Zahl 3 entspricht in der Geometrie das Dreieck. Alle weiteren geometrischen Entsprechungen sind aus Dreiecken aufgebaut. Nehmen wir drei Dreiecke, so entsteht daraus ein Pentagramm. Die 4 ist die Zahl für die Materie, ihr Symbol das Quadrat oder der Würfel, bestehend aus zwei Dreiecken. Klappt man den Mantel eines Würfels auseinander, so erhalten wir ein Kreuz. Nur im Schnittpunkt des Kreuzes fallen Zeit und Raum in einem Punkt zusammen. Dieser Punkt ist der Augenblick im Hier und Jetzt. Im bewussten Zustand des Hier und Jetzt lösen wir uns aus den Verstrickungen und Anhaftungen des Verstandes und sind in der Lage, frei zu wählen, was unser Herz uns fühlen lässt. Das ägyptische Ankh-Schleifenkreuz versinnbildlicht die Brücke zwischen Himmel und Erde, zwischen dem Göttlichen und dem Irdischen, es ist das magische Kreuz der Plus- und Minus-Polung. Es ist das Kreuz der vier Elemente und ein Symbol für das ewige Leben.

Das natürliche Schöpfungsprinzip entfaltet sich aus sich selbst heraus, wie wir es überall in der Natur erleben. Der in die Erde gesteckte

Samen bringt die wunderbare Blume mit ihrer Blüte hervor, ohne dass etwas von außen künstlich hinzugefügt werden muss. Sie entwickelt aus der Blüte die Samenkapsel zur Erhaltung ihrer Art. So schließt sich dieser Kreis, und etwas Neues beginnt. Damit die Blume wachsen und gedeihen kann, wirken alle Kräfte auf dieser Erde mit; sie ist eingebunden in den Schöpfungskreislauf.

Die allumfassende intelligente Schöpfungsenergie bringt sich, hier in Form einer Blume, selbst zum Ausdruck. Um mehr Einsicht zu gewinnen, ist es notwendig, dass wir über die engen, uns bekannten Verstandesstrukturen hinausgehen und uns einem erweiterten Bewusstsein öffnen. Auf allen Ebenen unseres Seins ist das duale Prinzip am Wirken, das heißt ein gegensätzliches Spannungsfeld (Plus- und Minus-Polung), das den natürlichen Antrieb in sich trägt. Kraft entfaltet sich aus der Dualität heraus, sie dient als Grundlage der Schöpfung. Ohne die Dualität wäre der Schöpfung der Nährboden entzogen. Im unendlichen Sein wiederum gibt es keine Unterscheidung von Zeit und Raum, sie sind in sich gleich. Es gibt dort auch keine Dualität, stattdessen aber die ruhende Einheit des Seins, die die Fülle jeglichen Potentials in sich trägt. Es ist ein nicht zu beschreibendes allumfassendes Nichts, das sowohl Leere als auch Fülle birgt. Für das Leben in der Sphäre des Materiellen sind die Dimensionen von Raum und Zeit unabdingbar, gleichzeitig bilden eben sie den Schleier, der unseren Verstand umnebelt, so dass uns verwehrt bleibt, weiter in die Vielschichtigkeit und das Wunder des Lebens und seine Magie einzudringen. Die Wissenschaft ist dabei, sich vom rein materialistischen, mechanistischen Weltbild zu lösen. Sie beginnt, den Geist als Ursache aller Form und Materie wiederzuentdecken und sich der ätherischen Form zu öffnen.

Am Anfang steht ein schöpferischer Impuls. Nehmen wir zum Beispiel das Licht. Wir wissen aus der Quantenphysik, dass Licht sowohl als Teilchen als auch als Welle in Erscheinung tritt. Aus einem Nichts tritt ein erstes Lichtquant hervor, ein Kreis für den Raum und ein Punkt für den Gegenwartsmoment, die Zeit. In sich tragen sie die natürliche Absicht, sich möglichst rasch und effektiv in den unendlichen Raum hin auszuweiten. Dies geschieht in einer exakt definierten Weise, und das ist der Moment, in welchem die heilige, sich selbst erfüllende Geometrie mit hervortritt. Schöpfungsmomente, die sich über räumliche Geometrieformen ausbreiten – für uns Menschen ein Rätsel, das uns angesichts solcher Dimensionen in Erstaunen versetzt.

In unserem Beispiel vom Lichtquanten wirken zwei Dynamiken. Zum einen zeigt sich eine Ausweitung (aus einem Lichtquant werden zwei), zum anderen ein In-sich-gehen. Dabei bleibt die ursprüngliche Raumgröße bestehen. Aus dem einen Lichtquant werden zwei kleinere, die in dem größeren Lichtquant Platz haben. Wir können das auch auf die Zeit übertragen. Je nachdem, welche Zeitdynamik wir ins Visier nehmen, verhält sich die Zeit. Sie geht von uns aus gesehen vorwärts von der Vergangenheit in die Zukunft oder rückwärts von der Zukunft in die Vergangenheit. Und zugleich ist »jederzeit« immer »alles«, also die ganze Zeit, mit dabei in einer immerwährenden, alles umfassenden Gegenwart.

Die Blume des Lebens repräsentiert das natürliche Entfaltungsprinzip in der Geometrie. Sie entsteht aus der »Vermehrung« eines Ursprungskreises aus sich selbst heraus. In dieser sich selbst erzeugenden Geometrie entspricht jeder Punkt, Kreisbogen oder jede gerade Linie einem schöpferischen Prinzip, das wir als Energie, Information, Bewusstsein, Geist, Liebe oder Licht beschreiben können. Die Blume des Lebens lässt erkennen, wie sich das schöpferische Prinzip aus einem neutralen, wirkungsfreien Zustand des Nichts, der Leere, der Fülle in einen dynamischen Zustand mit den klar erkennbaren Strukturen mehrerer Kreise hineinbewegt. Diese Kreise entfalten ihr Potential in den Raum. Das ist der Urknall der Physiker. In diesen ersten Sekunden seiner Entstehung ist der erste Kreis bereits erfüllt mit »allem«, was sich jemals wird manifestieren können.

Das ist nachzulesen in »Vom ewig beginnenden Ende – Eine Entdeckungsreise in die multidimensionalen Ebenen der dualen Welt« von Andreas Ottinger-Amman. Er beschreibt in seinem umfassenden Werk die multidimensionalen Strukturen dieser und anderer Realitätsebenen.

Wichtig für uns ist es, zu erkennen, dass wir Einblick in unser multidimensionales Sein nur erfahren können, indem wir uns einem erweiterten Bewusstsein öffnen. Wir wissen: Materie ist verdichtete Energie und gleichzeitig Informationsträger. In jeder Zelle unseres Körpers ist das Bewusstsein für das Ganze gespeichert. Indem wir uns mit unserem Verstand im begrenzten Feld von Raum und Zeit bewegen, wird uns kein Einblick in die Vielschichtigkeit der Dimensionen gewährt. Das bedeutet, dass wir unsere Wahrnehmung nach innen richten müssen. Es nützt uns nichts, darüber zu lesen. Wenn wir unsere Lebendigkeit, unsere Lebensfreude, unsere Anmut und Schönheit leben wollen, sind wir auf unsere ureigenen Erfahrungen angewiesen. Wir fühlen dann, dass es so ist. Die wichtigste Erkenntnis ist die Erfahrung der Einheit. Wobei nicht wir selbst diese Schöpfungsimpulse setzen: Vielmehr öffnen wir uns dieser allumfassenden Schöpfungskraft, um diese Ganzheit durch uns wirken zu lassen.

Spiritualität und Wissenschaft

Leonardo da Vinci hat die Proportionalität und Synchronizität der geometrischen Formen wiederentdeckt und damit das »sich aus sich selbst heraus erfüllende« Grundmuster der Schöpfung, die heilige Geometrie der »Blume des Lebens«. Diese Zusammenhänge waren vergangenen Kulturen bereits bekannt. Lange Zeit hat die Wissenschaft nur die Existenz der Materie akzeptiert und dann erkannt, dass Materie eine Illusion ist, die durch die Bewegung der Energie in hoher Geschwindigkeit hervorgerufen wird. Jetzt hat sie den Begriff des Quantums erschaffen, das heißt, »ein Teilchen und eine Welle gemeinsam«. Mal verhält sich das Quantum wie ein Teilchen, mal wie eine Welle, für uns unvorhersehbar.

Zunächst war die Wissenschaft von der absoluten Berechenbarkeit der Materie überzeugt gewesen in der Annahme, sie ließe sich eindeutig abgrenzen. Eine Welle ist jedoch immer in Bewegung, das heißt, jede äußere Form ist in beständiger Veränderung begriffen. Und naturgemäß bringt jede Veränderung Ungewissheit mit sich. Der angestrebte Gegenpol, die Gewissheit, ist mit den Mitteln der sich auf den Verstand gründenden Wissenschaft nicht zu erlangen. Die allumfassende Schöpfung kann niemals durch sich selbst verwirklicht, sondern nur in ihrer Ausdehnung erfahrbar werden. Auf der Grundlage der Urprinzipien und Urgesetze, die das Leben formen und sich uns im Zuge unserer Erfahrung offenbaren, entwickelt sie sich aus sich selbst heraus. Das bedeutet letztendlich, dass das Eintauchen in die eigene Individualität am Ende umfassendes Loslassen erfordert, so dass der kleine Bewusstheits-Geist unseres Persönlichkeits-Selbst sich in den allumfassenden Geist ausdehnt. Wir werden andächtig und sind in Demut vor der Größe, Schönheit und allumfassenden Liebe unseres Seins. Wir fügen uns freiwillig in die kosmische Gesetzmäßigkeit ein. GottIn ist in allem präsent und bleibt in jeder Schöpfung erhalten. Trennung und Spaltung ist eine Illusion, was sich im Zuge der Entwicklung der Quantenphysik auch wissenschaftlich bestätigt hat.

Jedes Atom ist porös, der Abstand zwischen Welle und Teilchen unveränderbar, der Zwischenraum ist absolute Leere, reines Bewusstsein. Wenn wir ein Atom auf dieselbe Größe wie die Erde vergrößern, werden wir feststellen, dass genauso viel Abstand zwischen den zwei Komponenten des Atoms, also (zwischen Welle und Teilchen) besteht, wie zwischen der Erde und dem Mond oder der Sonne und den Sternen. Es verhält sich so, weil es im Grundmuster der Heiligen Geometrie so angelegt ist. Die Wissenschaft wird genau das herausfinden. Die Wissenschaftler, die sich mit dem Geist, mit der Spiritualität befassten, hatten das schon lange erkannt. Als die Wissenschaft die Ungewissheit im Verhalten des kleinsten atomaren Teilchens akzeptierte, musste sie auch die Möglichkeit von Bewusstsein im kleinsten Teilchen annehmen. Alle Formen haben eine einzige Quelle, die Lebenskraft selbst, die übergeordnete Intelligenz, die allumfassende Schöpfungsenergie, der Große Geist, der seine Reise in die Welt der Formen begann. Je größer die Menge, desto materieller werden die Dinge, je individueller das Phänomen, desto mehr Bewusstsein. Auf der Reise zum *Selbst* ist es bedeutsam, unsere eigene Individualität zu erforschen, um Licht in unser Dasein zu bringen. Diese Reise führt zurück zum Ursprung. In dem Maß, wie wir uns auf das Außen fokussieren, laufen wir Gefahr, das innere Licht zu verdunkeln.

Es gibt eine nahe Verwandtschaft zwischen Quanten und Gedankenwellen. Gedanken haben eine physische Existenz. Wenn wir bestimmte Gedanken im Kopf verfolgen, verändert sich die Schwingung um uns herum. Die Form der Schwingung ist extrem hässlich, wenn wir destruktive Gedanken hegen, und entsprechend harmonisch, wenn wir im Frieden sind und liebevollen Gedanken nachgehen.

Der japanische Wasserforscher Dr. Masaru Emoto wurde bekannt durch seine Kristallbilder von gefrorenem Wasser. Diese bildeten den energetischen Zustand des jeweils fotografierten Wassers ab. Je höher die Qualität und Energie des Wassers, um so ausgeformter der abgebildete Kristall. Er führte Experimente durch, indem er Worte wie »Danke« oder »Krieg« unter Wasserflaschen legte, anschließend dieses Wasser gefrieren ließ und die Bilder der Eiskristalle miteinander verglich. Emoto bewies, dass Wasser die Einflüsse von Gedanken und Gefühlen aufnehmen und speichern kann. Je positiver die Botschaft, desto vollständiger, harmonischer und schöner ist die Ausformung der entsprechenden Kristalle.

Der Zufall ist das sanfte Ruhekissen jener,
die das Göttliche, Sinnvolle und den Kreaturen ein Ziel zuweisende
aus dem Kosmos ausscheiden möchten,
zugunsten der öden Fabel,
das All sei jenseits jeder Sinnverwirklichung ganz nebenher
und absolut von selber zustande gekommen.

Herbert Fritsche

Wir können Wissenschaft nicht von Spiritualität trennen. Je tiefer wir in die Materie eindringen, desto mehr Bewusstheit finden wir. Das reine Bewusstsein, die Information des Ganzen, die allumfassende Weisheit und Energie der Liebe, ist in jeder Schöpfung enthalten, vom Kleinsten bis ins Größte. In der Homöopathie findet diese Weisheit ihre Entsprechung. Wir sind multidimensionale, energetische Wesen und in der Lage, die Bewusstheit der hoch schwingenden ätherischen Ebenen des Seins zu erfahren. Seele und Materie sind nicht verschieden, sie sind verbunden. Alle von mir angesprochenen Themen sind in ihrer Dimensionalität und Tiefe unbeschreiblich, es ist jeweils nur ein kleines Eintauchen, das ich hier zur Verdeutlichung der Zusammenhänge zum Ausdruck bringe. Wichtig ist: Gefühle und Gedanken erschaffen die Qualität unseres Daseins.

Das neue Zeitalter

Wir erleben zur Zeit die dramatischen Auswirkungen des über Tausende von Jahren währenden umfassenden Machtanspruchs unseres männlichen Verstandes. Er agiert abgespalten von der göttlichen Gesetzmäßigkeit und zerstört seine Lebensgrundlage und damit sich selbst. Was es bedeutet, uns aus dem kosmischen Geschehen auszuklinken und die Gesetzmäßigkeit des Lebens zu missachten, bekommen wir durch die Krankheit Krebs gespiegelt. Es ist eine Krankheit, die im Körper grassiert, sich ständig weiter ausbreitet, dabei den eigenen Wirt vernichtet und in Kauf nimmt, sich letztendlich selbst zu vernichten. Das einzige Organ, das der Krebs nicht angreift, ist das Herz, die Eingangspforte zu unserem *Selbst*, zur Rückverbindung. Sie bleibt offen, und der Mensch hat die Möglichkeit zu Erkenntnis und Korrektur.

Das Schicksal unseres Lebens ist das Resultat vorausgegangener Lernprozesse. Der Weg der menschlichen Seele ist ein Weg des Lernens, bis er die eigene göttliche Vollkommenheit seiner Existenz erfährt. Es sind viele Lernschritte dorthin, und jeder Irrweg wird durch Umstände und Situationen korrigiert, bis das dahinterstehende Prinzip erkannt und integriert wurde. Auch die Erde unterliegt den kosmischen

Gesetzen und erfährt in regelmäßigen Abständen eine Präzessionsbewegung.

Zur Zeit erleben wir wieder eine Dimensionsverschiebung auf der Erde. Diese zeigt sich in der Schwächung und Verlagerung des Magnetfeldes und einhergehenden Polverschiebungen. Wir beobachten, dass plötzlich Wale stranden. Magnetlinien, die sich vorher im Wasser befanden, sind jetzt anscheinend aufs Land verschoben. Auch die Zugvögel haben ihr Verhalten geändert, denn auch sie haben sich am geomagnetischen Feld orientiert. Diese Präzessionen der Tagundnachtgleichen finden in großen Zeiträumen statt. Forscher haben herausgefunden, dass sich vor 42.000 Jahren das Magnetfeld umgekehrt hat; die Pole begannen zu springen, der Nordpol wurde zum Südpol. Es kam dann zu sogenannten Exkursionen, die Pole begannen zu wandern und kehrten dann wieder in die Ausgangsposition zurück.

Als der Nordpol vor 42.000 Jahren Richtung Südpol wanderte, wurde das Magnetfeld schwach. Die genaue Datierung basiert unter anderem auf Untersuchungen eines subfossilen Kauri-Baumes, der in einem neuseeländischen Sumpf gewachsen und gut erhalten war. Wird das Erdmagnetfeld schwächer, wirkt sich das auf die Ozonschicht aus: Sie wird dann löchrig und schrumpft. Ungefilterte Strahlung aus dem Weltraum zeigt sich in Form von Polarlichtern. Unser Erdmagnetfeld schwächelt, die damit verbundene höhere kosmische Strahlung hat erhebliche Auswirkungen. Diese Erhöhung der Strahlungsfrequenz wirkt sich direkt auf unser Energiesystem aus. Alles niedrig Schwingende hat dann keinen Bestand mehr. Das bedeutet, dass wir in uns einen Veränderungsprozess erfahren, der uns auffordert zu verabschieden, was nicht mehr dienlich ist. Alles, was sich gegen die Einheit unseres Seins richtet, wird gehen müssen. Bei diesen tiefgreifenden Prozessen hilft uns die Bewusstheit darüber, wer wir sind und woher wir kommen. Ganz besonders hilft uns, zu wissen, dass wir hier sind, um uns diesem Wandlungsprozess zu öffnen und ihn durch unsere Mitwirkung zu unterstützen.

Alles Leben untersteht verschiedenen Zyklen. Jeder Planet steht vor dem Hintergrund eines bestimmten Tierkreiszeichens und wird, wie alles Leben, vom dahinterstehenden Prinzip beeinflusst. Jetzt findet ein Übergang vom Zeitalter der Fische in das Wassermannzeitalter statt. Das ist ein Wechsel vom Element Wasser zum Luftelement. Das Thema Freiheit steht ganz oben auf der Agenda, eine Freiheit, die aus der Verbundenheit erwächst und in die Verantwortung für die Schöpfung mündet.

Dafür ist ein hoher Bewusstseinszustand der Menschen notwendig. Viele haben sich um ihre innere Evolution gekümmert und speisen jetzt das energetische Gitternetz der Erde. Es geht um das fundamentale Miteinander-Verbunden-Sein von uns Menschen untereinander, des Menschen mit dem Tier und umgekehrt des Tieres mit dem Menschen; entsprechend zu Pflanzen, zu den Mineralien in jede Richtung. Alles und jedes steht miteinander in Verbindung und ist voneinander abhängig. Nichts existiert aus sich selbst heraus und ist somit auch nicht vom anderen getrennt. Je feinsinniger unsere Wahrnehmung, um so bewusster können wir die Botschaften der unterschiedlichen Ebenen allen Seins aufnehmen.

Den Übergang von einer Dimension in die andere haben wir alle bei unserer Geburt hier auf Erden durchlebt. Wir erinnern uns nicht daran, weshalb wir uns hier so große Einschränkungen auferlegen. Doch sind wir aufgerufen, unsere Auffassung von Zeit und Raum zu ändern und die Dualität unseres Daseins durch ein verändertes

Bewusstsein hinter uns zu lassen. Jetzt hat die Menschheit die große Chance, einen Übergang in eine höhere Dimension zu erfahren. Das gelingt durch eine höhere Schwingung unseres Bewusstseins: unseres Einheits- oder Liebesbewusstseins.

Altes Wissen ist in uns gespeichert, und zunehmende Bewusstheit lässt uns Einsicht nehmen. Schamanische Heilmethoden erfahren eine Renaissance, und wir haben die Chance, sie der heutigen Welt anzupassen. Der Wandel, der sich vollzieht, geschieht in unserem Inneren. Alles, was dem nicht dienlich ist, kommt jetzt ans Licht, damit es gehen kann. Das vollzieht sich im Kleinen wie im Großen. Wir bewegen uns auf eine neue Stufe menschlichen Seins zu, ein Miteinander vom Herzen aus.

Die Eingeborenenvölker von Nord-, Süd- und Mittelamerika vollführten eine Zeremonie, die Kondor und Adler zusammenbringt, und würdigten den neuen Zyklus auf Erden. Die ursprüngliche Wirklichkeit kommt ans Licht; eine Neugeburt, die Betrug und Täuschung entschleiert. Wir werden uns unseres Seins bewusst.

Kondor und Adler

Kondor und Adler
fliegen gemeinsam
jetzt

Ost und West,
Spirit und Wissenschaft
Herz und Verstand
eins

Ignorieren wir
eine Seite
unterdrücken wir
sie in uns

Integration,
sowohl als auch

führt jeden von uns
zurück in die Einheit

Kondor und Adler
Weisheit und Wissen
wunderschön unter
weiblicher Führung
in Frau und Mann.

Gemeinsam
fliegen wir
aus der Täuschung
in die Wirklichkeit
unserer Existenz

Nichts und niemand kann sich diesem Wandel entziehen. Die derzeitigen neuen Strahlungsbedingungen auf der Erde wirken auf alle Menschen ein. Sie bewirken eine Vibrationserhöhung, eine Erhöhung der Strahlungsfrequenz, und bereiten die Menschen auf ein neues Bewusstsein vor. Es geht um innere Wandlungsprozesse; die Einflüsse erfahren wir tief in unserem Inneren. Im Zuge dessen können Konflikte in unserem Zusammenleben aufbrechen, die nach einer Lösung drängen und tiefgreifende Veränderungen im Bewusstsein herbeiführen.

Jeder von uns hat die Möglichkeit, sich zu öffnen und bei dieser inneren Verwandlung aktiv mitzuwirken. Es ist wie eine Neugeburt in ein göttliches Einheits- oder Liebesbewusstsein. Diese Reise beginnt mit der Hinwendung zum eigenen Herzen. Es sind starke Kräfte am Wirken, und wir können mit Hilfe unserer Intuition mit dieser Entwicklung bewusst mitgehen. Auf diese Weise wird der Mensch mit völlig neuen Fähigkeiten ausgestattet und bekommt ganz andere Gestaltungsmöglichkeiten an die Hand.

In der Regel kreist das Denken der Menschen um das eigene kleine Persönlichkeits-Selbst. Wir haben das Verlangen, Dinge anzuhäufen und uns an etwas zu klammern, das uns Sicherheit geben soll. Jetzt geht es darum, Impulse der Erneuerung aufzugreifen. Tun wir dies nicht, kann es sein, dass wir in eine Krise geraten. Es gilt, den Blick zu heben, hervorzutreten aus alten Begrenzungen und Dogmen und sich dieser neuen Situation vollkommen anzuvertrauen. Alles ist im natürlichen Wandel begriffen, und es enthält in sich die Leerheit: das reine ursprüngliche Bewusstsein, das unveränderbar ist. Erst die Erkenntnis der endgültigen Realität unseres Seins lässt das Verlangen, die Quelle des Leidens, in uns verstummen. Aus diesem Zustand heraus erkennen wir, was im Hier und Jetzt für das große Ganze dienlich ist.

Denken ist ein schöpferischer Akt. Wer das Denken nur auf das »kleine Ich« ausrichtet, spaltet sich ab und ignoriert die Interdependenz, die wechselseitige Abhängigkeit allen Lebens hier. Die wunderbare Schöpfungsenergie wird auf diese Weise missbraucht und wirkt zerstörerisch. Diejenigen, die sich aus Unwissenheit oder aus ihren Ängsten heraus in Opposition zu den Vorgängen begeben, empfinden die wirkenden Kräfte als bedrohlich und geraten in Panik. Andere, die schon tief in ihrem Inneren geforscht haben, sehen sie als Chance für die Menschheit und erfahren sie als langfristig heilsam.

Wir alle sind derzeit Zeugen davon, dass alles, was dem großen Ganzen nicht dienlich ist, jetzt auf den Prüfstand kommt. So werden sich Betrug, Täuschung, Missbrauch und Ausbeutung nicht mehr halten. Es findet eine vollkommene Neuorientierung hin zu einem Menschsein statt, zu dem sich jeder einzelne hin entwickelt. Das ist die große Aufgabe, die ansteht. Der Mensch wird erst im Laufe seines Entwicklungsprozesses zu einem menschlichen Wesen. Er erschafft sich ein bewusstes *Selbst*, er fügt sich durch Selbst-Verantwortung vollkommen in das Leben ein und erfährt dadurch eine grenzenlose Freiheit. Das ist das Paradoxe: Freiheit wird erst durch Anbindung erlangt, und die Verantwortung für sich selbst beinhaltet die Verantwortung für das Wohl der ganzen Schöpfung – nichts, das hier getrennt wäre. Dann erst ist es eine Freude, an diesem wunderbaren Leben auf der Erde teilzuhaben, ein göttliches Spiel.

Der Impuls kommt aus der göttlichen Einheit, und das Weibliche nimmt den Impuls intuitiv auf. Das erfordert die Überwindung des Machtanspruchs des männlichen Persönlichkeits-Selbst, des Egos. Der Gegenpol zur Macht heißt Demut: Das ist Liebe, das ist vollkommene

Hingabe an das Göttliche. Diese Hingabe bestimmt unser Schicksal. Jeder Mensch, der in diese Bewusstheit erwacht, der seiner Täuschung ent-wachsen ist, wird erst zum Erwachsenen. Bis dahin ist sein Tun auf ein »Haben-Wollen« ausgerichtet. Erst jetzt ist er sich der Fülle in sich selbst und auf der Erde bewusst und fließt in einem »Sich-Verschenken« mit dem Leben mit.

Überfließen

Ein Gefäß sein
für die Energie
der Freude und des Schmerzes
beide haben sie
ihre eigene Schönheit

Manchmal
dauert es
lange
sie zu entdecken

Das Gefäß
bleibt leer
Diese Leere
ist die Fülle
die sich verströmt

Nichts mehr
Haben-Wollen
reines
Geben

Glückseliges
natürliches
Überfließen
Leben

Deutlich wird die Entwicklung an den Kindern, die sich so gar nicht in die hierarchischen Strukturen hineinfinden wollen. Das ist gerade in den Schulen zu beobachten, und viele von ihnen kommen mit ganz besonderen Fähigkeiten, Hochbegabungen und tiefem Wissen auf die Welt. Sie bringen ganz neue Impulse mit und nehmen für sich den Gestaltungsspielraum in die Hand. Vorbilder, die das Einheitsbewusstsein leben, sind für diese Kinder eine unschätzbare Hilfe. Die patriarchalen Strukturen passen nicht mehr. Wie das Neue aussehen wird, können wir nicht voraussagen. Aber wir können alles tun, um der neuen Generation als Wegbegleitung zur Seite zu stehen und diese Zusammenhänge aufzeigen.

Es geht darum, uns für das immense Potential zu öffnen, das in uns liegt: eine Quelle unendlicher Liebe. Diese Liebesessenz ist ungleich machtvoller als die Angst, die uns hier gefangen hält. In ihrem allumfassenden Ausmaß ist sie für uns unvorstellbar. Aber wir können sie nun bewusst nutzen, indem wir, statt sie mit unserer Angst von uns abzuhalten, uns dieser Liebe hingeben. Und sie öffnet uns die Augen für Täuschung und Betrug, ob in uns selbst, ob in der Welt.

Vergebung und Versöhnung

Ich habe Gut und Böse gekannt,
Sünde und Tugend, Recht und Unrecht;
ich habe gerichtet und bin gerichtet worden;
ich bin durch Geburt und Tod gegangen,
Freude und Leid, Himmel und Hölle;
und am Ende erkannte ich,
dass ich in allem bin
und alles in mir ist.

Hazrat Inayat Khan

Wir alle haben es erlebt, zu welchem Ausmaß an Machtmissbrauch es kommen kann durch einen Verstandesmechanismus ohne Anbindung ans Herz, ohne Gefühl. Der einzelne Mensch, die Natur, die Tiere – all das zählt nicht, sondern er degeneriert das gesamte Leben zur reinen Funktion. Aufgebaut ist dieser Machtapparat allein auf dem Größenwahn einzelner oder einer Gruppe von wenigen, die sich über die Lebensgesetze erheben. Die große Mehrheit der Bevölkerung ist nicht in ihrer souveränen Eigenmacht. Sie hat sich die eigenen Ängste im Inneren nicht angeschaut und springt aufgrund dessen auf äußere Angst- und Panikmache an. Diese sind das Instrument des Machtmissbrauchs. Angst führt zu Gehorsam, das Gegenmittel ist der Mut, die Beherztheit.

Wir verabschieden uns von einem Zeitalter, in der die großen Religionen richtungsweisend waren. Keine dieser Religionen wertschätzt das Weibliche, indem es als gleichwertiges Prinzip gewürdigt wird. Die »Erschaffung« eines Gottes außerhalb der Menschen führte zur Versklavung der Menschheit. Es erzeugt zwangsläufig ein Gefühl der Minderwertigkeit, denn es gibt das Höhere, das Göttliche, das Unerreichbare. Jedes Individuum, das nicht lernt, in die Eigenmacht seines göttlichen *Selbst* zurückzukehren, bleibt unfrei und ist manipulierbar.

Es ist ein individueller Weg, sich zu sich selbst aufzumachen und der Angst im eigenen Inneren, der wir uns auf diesem Weg stellen, nicht auszuweichen. Haben wir erkannt, dass wir Teil der Schöpfung und eins mit ihr sind, dann ist das Gefühl der tiefen Wertlosigkeit aufgelöst. Immer wieder sind wir bei all unserem Forschen auf diesen Stachel des Ungenügens gestoßen, was zwangsläufig die Folge der Trennung vom Ganzen ist.

Die Abspaltung zieht nach sich, dass ein Teil keine Wertschätzung erfährt. Wir haben uns von unserer weiblichen Seite getrennt und diese als schwach, ohnmächtig und unwürdig deklariert. So wie hier mit dem weiblichen Prinzip verfahren wird, so gehen wir mit den Frauen um und auf die gleiche herablassende Weise verhalten wir uns mit unserer Erde. »Die Würde des Menschen ist unantastbar«, das ist uns so wichtig, dass wir es im Artikel 1 unseres Grundgesetzes festgelegt haben. Aber nichts treten wir so sehr mit Füßen, wie unsere Menschenwürde.

Würdig erweisen wir uns unseres Menschseins, wenn wir beginnen, Selbstliebe zu entwickeln. Nach und nach integrieren wir alle abgespaltenen und getrennten Anteile in uns. Wir achten unsere Grenzen, kommunizieren sie und handeln entsprechend. Damit übernehmen wir für uns selbst vollkommen die Verantwortung und erwarten nicht, dass andere für uns sorgen. Wir sind im Einklang mit unserem *Selbst*, das durch die Intuition unseres Herzens zu uns spricht. So verhalten wir uns im Einklang mit allem, was ist, und geben Spaltung und Trennung keine Chance. Wir lassen uns von den Gesetzen des Lebens führen und sind darauf ausgerichtet, dass es nicht nur uns, sondern allen Wesen wohl ergeht. Das ist ein Lebensweg, der das Leben selbst würdigt. Wir sind Teil dieses großen Wunders, das das Leben selbst ist, und entwickeln Demut und Dankbarkeit für die unendliche Fülle des Daseins.

Hinter uns liegt ein dunkles Kapitel deutscher Geschichte. Es gibt hier keine Familie, die nicht in der einen oder anderen Hinsicht eine »Nazi-Vergangenheit« hat. Die Traumata der Großeltern und Eltern wurden an die Kinder und Enkel weitergegeben. Viele Menschen haben sich aufgemacht, dieses Schweigen der Scham aufzulösen. Das ist wahrlich kein leichter Weg, aber er ist unausweichlich für Versöhnung und Vergebung.

Zu beobachten ist zurzeit, dass Menschen, die sich Sorgen machen über die Auswirkungen der »Corona-Politik«, gleichgestellt werden mit Rechtsextremen und Reichsbürgern. Was passiert hier gerade? In den meisten Familien wird das Thema Nationalsozialismus gemieden, zu groß ist die Anforderung, sich mit Schuld und Scham auseinanderzusetzen. Tauchen dann Berichterstattungen über Rechtsextremismus auf, so bieten diese ein willkommenes Ventil, die nicht aufgearbeiteten Themen dorthin zu projizieren. Abhilfe schaffen würde die Hinwendung zu diesen Themen in der eigenen Familie und der damit verbundenen Versöhnungs- und Vergebungsarbeit. Dann wäre eine sachliche Auseinandersetzung mit den derzeitigen Themen möglich.

In den wiederholt durchgeführten Studien der Friedrich-Ebert-Stiftung zum Phänomen des rechten Gedankenguts, wurde deutlich, dass sich diese Gesinnung hinter einer Fremdenfeindlichkeit verbirgt und sich durch die gesamte Gesellschaft zieht. Wir lehnen ab, was uns fremd ist. Angst ist das Motiv: Angst, etwas zu verlieren; Angst, etwas könne die Ordnung stören; Angst, hier nicht sicher zu sein; Angst, hier keinen Platz mehr zu haben; Angst, die eigene Existenz bedroht zu sehen.

Liebe Leserin, lieber Leser, bei dieser Lektüre ist Ihnen deutlich geworden, dass Angst eine ganz andere Ursache hat: Jeder Mensch, der sich nicht eingebunden fühlt in die kosmische Ordnung, fühlt zwangsläufig die Angst der Trennung von seinem Urgrund. Führen wir die Aufarbeitung dieser schweren Themen durch, dann erfahren wir das Mitgefühl für uns alle. Erinnern möchte ich sehr deutlich daran, dass in der Zeit des Nationalsozialismus andersdenkende und Widerstand leistende Frauen und Männer vehement verfolgt wurden, nicht nur von Seiten des Staates, sondern auch von der Bevölkerung. Heute werden diese Personen als Helden gefeiert.

Deutschland hat die Verantwortung für dieses Geschehen voll und ganz übernommen. Jetzt ist es Zeit, dass jeder einzelne und das Kollektiv in die Phase der Vergebung eintreten. Wir haben das Furchtbare auf uns nehmen müssen, es blieb uns gar nichts anderes übrig. Jetzt ist der Schritt, der ansteht, die Vergebung, die Aussöhnung – ein aktiver bewusster Schritt. Wir können uns nur dadurch aus diesem Trauma befreien, sonst verfolgt es uns und unsere Kinder weiter und hält uns unfrei. Wichtig in dem Zusammenhang ist zu wissen, dass wir die Traumata unserer Eltern und Großeltern nicht lösen können. Wir haben die Aufgabe, es in ihren Verantwortungsbereich zurückzugeben und uns und allen Beteiligten zu vergeben, dass wir so lange daran getragen haben. Es hat unseren Lebenslauf maßgeblich geprägt, unsere Art, Beziehungen einzugehen, unsere Offenheit und unsere Würde. Dazu müssen wir die Mauern in unserem Inneren niederreißen, hinter denen wir uns schützend verbergen. Wir sind aufgerufen, die Steinwälle in unserem Inneren abzutragen, mit denen wir meinen, uns verteidigen zu müssen.

Das bedeutet nicht, dass wir nicht klar gegen rechtsextreme Gesinnung Stellung beziehen. Aber wir sehen dahinter Menschen, die vom Weg abgekommen sind, menschlich zu sein. Helfen lassen sich nur die Menschen, die erkannt haben, dass sie Hilfe brauchen und sich auf einen Heilungsprozess einlassen. Die anderen brauchen ihre Zeit, um zu erkennen, und wir haben die Aufgabe, ihren Machenschaften mit klarer Positionierung entgegenzutreten und ihnen die Macht zu nehmen, indem wir ihnen die persönliche und öffentliche Aufmerksamkeit entziehen. Auf der Ebene des Menschseins sind wir alle miteinander verbunden, deshalb gilt bei allem Schmerz ein menschlicher Umgang. Der ist möglich, wenn wir uns unseren inneren Ängsten stellen, mutig handeln und uns vor diesen Kräften nicht mehr fürchten.

Ablehnung führt zu Ablehnung, Krieg zu Krieg, Ausgrenzung zu Ausgrenzung – das wissen wir alle. Es ist Zeit, dass wir uns entsprechend verhalten. Solange wir diese Themen in uns nicht wahrhaben wollen, werden wir immer im Außen Schuldige suchen und finden. Solange wir unsere Verantwortung abgeben und nach den Vorgaben anderer handeln, meinen wir, dass wir selbst nicht verantwortlich sind. Das sollte uns spätestens dieses Geschehen der jüngsten Vergangenheit in schmerzhafter Deutlichkeit zeigen. Wir tragen alle an der Schuld, an der Scham, an der Trauer und dem Schmerz. Alles, was geschieht, hat Auswirkungen auf alles und jeden. Das ist die große Verantwortung, der wir uns bewusst sein müssen. Wir haben die Kraft der Vergebung in uns und können uns versöhnlich die Hand reichen aus Selbstliebe – aus Liebe unseres *Selbst*. In unserer Unwissenheit darüber, wer wir sind, haben wir uns gegenseitig beschuldigt und verurteilt. Es ist höchste Zeit, Unwissenheit in Bewusstsein zu verwandeln und uns versöhnlich und wohlwollend dem Neuen zuzuwenden.

Die Quelle anzapfen

Ein menschliches Wesen ist Teil eines Ganzen,
welches wir »das Universum« nennen,
ein in Zeit und Raum begrenzter Teil.

Es erfährt sich selbst,
seine Gedanken und Gefühle als etwas vom Rest Getrenntes –
in einer Art optischen Täuschung des Bewusstseins.

Diese Täuschung ist so etwas wie ein Gefängnis in uns,
da sie unsere persönlichen Wünsche
und Zuneigungen auf wenige Menschen,
die uns nahestehen, einschränkt.

Unser Ziel muss es sein,
uns aus diesem Gefängnis zu befreien,
indem wir den Horizont unseres Verstehens
und unseres Mitempfindens dahingehend ausweiten,
dass er alle Lebewesen
und die Gesamtheit der Natur umfasst.

Albert Einstein

Durch die Übernahme der Verantwortung für unser Täter- und Opfersein wurden wir mit unserer Schuld konfrontiert. Durch die Versöhnungs- und Vergebungsarbeit erfolgt unsere Rückbindung an den Urgrund, und die Schuld löst sich auf. Es bleibt die Selbst-Verantwortung in jeder Hinsicht und damit die Annahme unseres Alleinseins, das zu der Erfahrung der Einheit allen Seins führt – des *Alles-Eins*. Einsamkeit suggeriert der trennungsgeprägte Verstand. Bewusstsein ist tiefempfundene Seligkeit, erfahrbar jenseits der Dualität.

Kapitel 15: Aufstehen in der Weiblichkeit

Aufstehen in der Weiblichkeit
ist die Befreiung und Führung
des Weiblichen in jedem von uns.
Eins mit dem Männlichen, lässt es sich
aus der eigenen Intuition heraus inspirieren,
aus dem inneren *Selbst*,
um dann bewusst zu Wort und Tat zu schreiten
oder die Dinge gewähren zu lassen.

Die weibliche Intuition ist die Schönheit und Macht der Liebe. Sie ist spontan, nicht vorhersehbar und nur im Hier und Jetzt, im gegenwärtigen Augenblick erfahrbar. Sie ist die Freiheit unseres Seins in Verbundenheit mit unserem Urgrund. Sie ist die innewohnende, allumfassende Weisheit und die grenzen- und bedingungslose Liebe. Sie lässt uns empfindsam, einfühlend und verständnisvoll sein, sie ist das zutiefst Menschliche in uns.

Es erfordert Mut, sich auf diese innere Führung zu besinnen und ihr zu folgen, steht sie doch konträr zum vorherrschenden Massenbewusstsein. Aber wir Menschen sind nicht die Masse, wir sind einzelne Individuen, die ihrem individuellen Seelenplan folgen. Und indem wir das tun, stehen wir in Verbindung mit allen und allem und leben aus der Verantwortung heraus, die diese Freiheit beinhaltet. Das ist kein Gegensatz, nur lässt es sich vom Verstand her nicht erklären, es lässt sich vielmehr nur erfahren. Glücklich werden wir, wenn wir uns bedingungslos unserer inneren Führung hingeben. Wir blühen auf, und mit uns erfahren alle anderen ebenfalls dieses Aufblühen. Was eine Welle bewegt, bewegt zugleich das ganze Meer.

Dieses Lauschen nach innen und den Impulsen mutig zu folgen, das ist das Auspacken unseres Wesenskerns. Wir kommen uns immer näher und vertrauen mehr und mehr uns selbst. Das wiederum mündet in das Urvertrauen, ins *Selbst*vertrauen.

Leid und Schmerz ergeben sich, indem wir die Verantwortung für uns selbst abgeben und meinen, anderen folgen zu müssen. Mit der Abgabe der Verantwortung geht uns auch der Sinn unseres Lebens verloren. Wir fühlen uns zu Recht fremdbestimmt. Erst die Selbstbestimmung, die Ausrichtung auf uns selbst und damit das Zurückfinden zu unserem Ursprung, lässt uns unsere souveräne Eigenmacht zurückerlangen. Sie ist die Basis für ein Leben in Verbundenheit, alles andere ist an Über- oder Unterordnung gebunden und hält uns gefangen.

Das Leben selbst ist es, das uns jetzt trägt und unser Schönstes, unsere Liebe, hervorbringt. Diese Liebe ist an nichts gebunden und zeigt sich in allen Facetten, stets zum Wohle aller. Nicht selten geschieht wenig Erfreuliches, und wir sehen nicht gleich, wozu es gut war. Aber die Liebe ist die stärkste Kraft hier auf Erden und durch nichts zu zerstören. Aller Machtmissbrauch muss ihr letztendlich weichen, denn er hat keine Basis. Die Liebe ist die Essenz unseres Daseins, und sie hält alles zusammen.

Der Mensch hat den freien Willen, sich dieser Liebe freiwillig unterzuordnen und ihr zu dienen. Wobei es eine Frage des Bewusstseins ist, diesen Schritt zu tun. Folgen wir unserer inneren Stimme, führt sie uns ganz natürlich dorthin. Es gibt nichts Schöneres, als sich liebend einzubringen mit dem, was wir als Seele hier verwirklichen wollen. Der Weg führt uns aus einem polaren Bewusstsein heraus, wir erheben uns über die Dualität und streben der Einheit zu.

Unsere Würde als Mensch

Das Schlimmste auf der Welt

Eine Mutter fragte ihre drei Töchter:
»Was ist das Schlimmste auf der Welt?«
»Der Krieg«, sagte die erste.
»Die Gewalt«, sagte die zweite.

»Der Hass«, sagte die dritte.
»Ihr habt mir die Blüte, die Blätter und den Stängel einer giftigen Pflanze genannt,
doch was ist ihre Wurzel?«
Die Töchter wussten keine Antwort.
»Die Unfähigkeit vieler Menschen, sich selbst im anderen wiederzufinden«,
sagte die Mutter.

Hans Kruppa

Unsere Menschenwürde definiert sich aus der Selbst-Bestimmtheit. Ich habe aufgezeigt, was dieses *Selbst* ist, das uns diese Freiheit lässt, freiwillig und mit Freude der eigenen Bestimmung zu folgen. Es geht darum, herauszufinden, was der Sinn des eigenen Lebens ist. Wir alle sind hier, um uns mehr und mehr unserer innewohnenden göttlichen Essenz bewusst zu sein und unserem individuellen Lebensplan zu folgen.

Dem gegenüber haben wir uns als Menschheit in eine Situation gebracht, die dazu angetan ist, uns fremdbestimmt handeln zu lassen. Patriarchale Systeme, auf Gehorsam aufgebaut, lassen gleichwertiges Miteinander auf der Basis von Transparenz und Mitbestimmung nicht zu. In Zeiten, in denen es für die einzelnen Bürger nur zu gelegentlichen Einschnitten in den ganz persönlichen Bereich der Familie, des Berufs kam, wurde diese Fremdbestimmung toleriert. Schleichend und scheinbar unbemerkt ist es indessen wenigen finanzstarken Monopolisten gelungen, sich über demokratische Grundrechte zu erheben. Regierungen ließen sich instrumentalisieren, der einzelne Bürger wurde zunehmend entmachtet.

Jetzt ist etwas eingetreten, was weltweit jeden Einzelnen betrifft. Zudem sind durch die einschneidenden Maßnahmen die Menschen auf sich selbst zurückgeworfen. Ein Blick nach innen, ein wirklich ehrlicher Blick, zeigt, wie unfrei wir hier leben. Die Grundrechte sind plötzlich kein heiliges Gut mehr und werden mehr und mehr beschnitten und nicht zurückgegeben. Es wird durch mächtige gleichgeschaltete Berichterstattung eine Realität geschaffen, die nicht mehr hinterfragt werden darf. Aufrichtiger Einsatz sowie ehrliches, ernsthaftes, am Wohle der einzelnen und der Gesellschaft orientiertes Handeln sieht anders aus.

Plötzlich stehen sich zwei Gruppen gegenüber: Eine Gruppe ist aus Sorge um die eigene Gesundheit zu jeder weiteren drastischen und einschränkenden Maßnahme bereit. Die andere Gruppe äußert die Unverhältnismäßigkeit der Maßnahmen und fordert ein besonnenes Vorgehen ein. Aus diesen Gruppen wurden schnell zwei unversöhnliche Lager, deren Spaltung von täglichen, zensierten Pressemitteilungen befeuert wird.

Jetzt besteht die einmalige Chance aus dieser Spaltung herauszutreten. Jeder einzelne ist gefragt: »Will ich die Trennung weiter zementieren oder besinne ich mich auf mein Einheitsbewusstsein?« Entscheide ich mich für Letzteres, höre ich den Argumenten zu, ich äußere meine Sichtweise, aber ich vermeide es, ein Feindbild aufzubauen. Wir können in jedem Augenblick ganz bewusst der Trennung entgegenwirken.

Blinder Gehorsam, der auf Angst beruht, verhindert eine kritische Auseinandersetzung mit der gegenwärtigen Situation. Es gibt als Lösung nicht nur die Verschärfung des »Lockdowns«. Ein konstruktiver Umgang, der sich auf die Selbstbestimmung des Einzelnen gründet, wäre zum Beispiel eine Befragung in Altersheimen, wie die Menschen dort mit der Situation umgehen wollen. Wenn die Interessen kollidieren, ist es möglich, Einrichtungen unter Quarantäne zu stellen und andere eben nicht. Wenn die Interessen in der Einrichtung auseinandergehen, wären Lösungen innerhalb des Hauses oder auch ein Umzug möglich. Geschäfte könnten bestimmte Öffnungszeiten haben, für Menschen, die auf den Gebrauch einer Maske nicht verzichten möchten und sich auf diese Weise sicher fühlen wollen.

Anlass geben zu einer eingehenden Auseinandersetzung mit der derzeitigen Situation sollte die Tatsache, dass gegenteilige Berichterstattungen geradezu ausgemerzt werden. Gesunder Menschenverstand ist angesagt. Für ein freies Leben in einer Gesellschaft braucht es freie Menschen, die für sich selbst die Verantwortung übernehmen und kritisch hinterfragen, wenn die Freiheit des Einzelnen durch Machtmissbrauch eliminiert wird. Unter dem Vorwand der Regierung, einen Teil der Gesellschaft, alte Menschen und Personen mit Vorerkrankungen schützen zu wollen, ist es dazu gekommen, dass jetzt alle anderen Menschen sich vor den Maßnahmen der Regierung schützen müssen. Wäre das Anliegen der Regierenden in der Absicht ehrlich gewesen, wären die zum Teil katastrophalen Zustände in einigen Altersheimen gar nicht erst aufgetreten. Überall kommen jetzt Missstände zu Tage. Die Ursachen wurden nicht behoben, und eine Änderung ist nicht in Sicht. Wenige Konzerne ziehen ihren Profit aus Krankheit und Alter, die Personaldecke wird dünn gehalten. Es sollte uns zu denken geben, dass aufgrund eines fragwürdigen Tests ein Szenario erschaffen wird, das jeden Einzelnen der Gesellschaft seiner Freiheitsrechte beraubt und ihn entmündigt.

Die meisten Menschen spüren, dass es nicht mit rechten Dingen zugeht. Diesem Gefühl treu zu bleiben und entsprechend zu handeln, bedeutet, sich vom »Mainstream« abzuwenden. Änderungen stehen jetzt an. Durch die jetzt stattfindende Frequenzerhöhung wird vielen von uns bewusst, dass es wichtigere Werte gibt als immer mehr Profit, an dem diejenigen, die das letzte Glied in der Kette sind, am wenigsten teilhaben. Im Gegenteil, viele Menschen funktionieren nur noch, um finanziell über die Runden zu kommen. Jetzt ist der Zeitpunkt, sich zu besinnen und zu fragen: Was kann ich an meiner persönlichen Situation ändern? Lasse ich es weiterhin zu, dass meine Arbeitskraft missbraucht wird?

Es gibt Unternehmen, die sich umgestellt haben und eine ganz andere Wertorientierung leben. Es ist möglich. Unsere Würde leben wir, indem wir die eigene Würde respektieren und uns wertschätzen. Dieser Weg ist nicht der bequeme, aber dieser Weg führt zur inneren Zufriedenheit und eigener Sinnhaftigkeit. In jedem Augenblick können wir aus dem Einheitsbewusstsein heraus denken, sprechen und handeln. Damit unterstützen wir den Wandel im kollektiven Bewusstsein und kommen zu einem ganz neuen Miteinander.

Ausrichtung auf die Essenz unseres Seins

Niemand kann sich über das Göttliche erheben; es erfolgt immer eine Korrektur. Solange unser Denken und Handeln nur um das eigene kleine Ich und einige wenige nahestehende Menschen kreist, wird der Mensch im Leid des Widerstands gefangen sein. Jeder Machtmissbrauch im Großen oder Kleinen führt zu Konsequenzen, die in der Verantwortung der betreffenden Personen liegen. Solange der Mensch sich für die Krone der Schöpfung hält, wird er eines Besseren belehrt werden. Das Göttliche ist das in allen Formen des Lebens innewohnende allumfassende Bewusstsein, die bedingungslose Liebe, das unveränderbare Sein. Diese Erkenntnis führt zur Wertschätzung des eigenen Lebens sowie des Lebens in allen anderen Daseinsformen.

Daraus resultiert ein Handeln, das sich dieser Einheit stets bewusst ist und sich dementsprechend ausrichtet. Änderungen werden auf friedliche Weise herbeigeführt. Alles andere erschafft neue Feindbilder und damit Trennung und Spaltung. Angst lässt uns hart und eng werden, Liebe weitet uns und macht uns weich und sanft. Die Herausforderung besteht darin, sich genau das im eigenen Inneren anzuschauen, was Angst macht. Auf unserem Weg zu einem weiten Bewusstsein gibt es sechs Leuchttürme, die uns den Weg weisen.

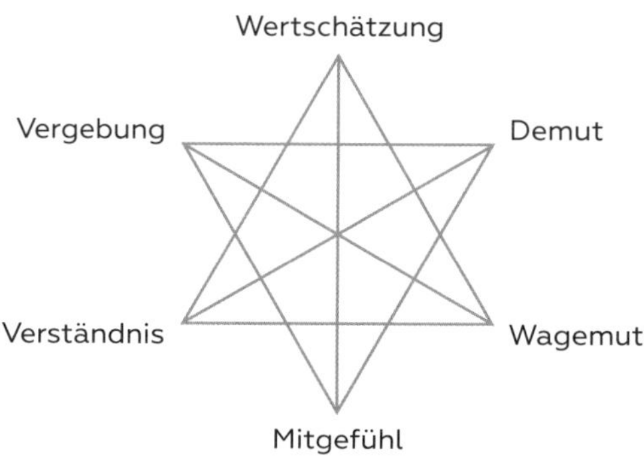

Wertschätzung
Wir wagen den Sprung in das eigene Herz und stellen uns jenseits von positiv und negativ auf, das heißt, jenseits jeglicher Bewertung. Wir steigen aus dem Gefängnis der Vorlieben und Abneigungen aus und sehen in allem die innewohnende Schönheit der göttlichen Essenz, dieses Potential an Liebe. Wir wissen, dass wir mit unseren Gefühlen und Gedanken Realität erschaffen. Durch unsere wertschätzende Haltung verbinden wir uns mit unserer eigenen innenwohnenden Göttlichkeit. Das Herz kennt keine Bewertung. Das Herz, aus dem heraus wir leben, zeigt uns das Wunder des Lebens von Augenblick zu Augenblick.

Wagemut
Die große Herausforderung unseres Lebens besteht in der Annahme dessen, was das Leben für uns bereithält. Es kostet Mut, der leisen weisen Stimme aus dem Herzen heraus zu folgen. Wir verabschieden uns von der Vorstellung, irgendjemand von außen bringe uns die persönliche Erfüllung. Die innere Freude ist von beständiger Natur und von den Widrigkeiten des Lebens nicht zu beeinflussen. Wir nehmen in dieser Haltung Schmerz, Trauer und Scham in uns auf und empfinden mit uns selbst Mitgefühl. Wir werden unabhängig von den Gefühlen und sind uns der Leerheit in unserem Inneren bewusst. Diese Leere ist die Fülle des Bewusstseins, das alles in sich trägt und reine Glückseligkeit ist. Der Weg dorthin ist mit Wagemut, Ausdauer und absoluter Ehrlichkeit sich selbst gegenüber zu meistern. Dann wird auch die Angst, die sich in so vielen von uns zur inneren Herrscherin aufgeschwungen hat, zu einer Dienerin.

Verständnis
Das Wort birgt in sich das Verstehen. Nur wenn wir konsequent Ursachenforschung betreiben, erfahren wir, dass eine Vielzahl von Einflüssen zu bestimmtem Handeln führt. Wir erkennen die kleinen und großen Zusammenhänge und begegnen anderen Menschen mit einer von Verständnis gekennzeichneten Haltung. Wir entwickeln ein Gespür für die Unterscheidungsfähigkeit, ob zum Beispiel Zuhören

angesagt ist und vielleicht zu einem späteren Zeitpunkt ein Impuls von unserer Seite erfolgen kann. Wir unterliegen nicht mehr dem Zwang, jemand anderen von unserer Meinung überzeugen zu müssen; wir können Gegenteiliges annehmen und stehenlassen.

Demut

Das ist eine Haltung, die sich vor dem Leben selbst verneigt. Es ist die vollkommene Hingabe an das, was ist, und die Erkenntnis, dass alles gut ist, wie es ist. Demut verinnerlicht die Existenz der Urprinzipien und -gesetze und begreift, dass wir unseren freien Willen haben, uns freiwillig unter dieses Gesetz zu stellen. Damit einher geht die Bewusstheit dessen, was wir in unserer Essenz sind. Es führt zu einer aufrechten, aufrichtigen Haltung. Wir müssen nichts mehr verbergen, nichts Menschliches ist uns fremd. Die Ausrichtung ist fokussiert auf das All-Eine, auf die große Menschheitsfamilie sowie das Tier-, Pflanzen- und Mineralreich. In einer demütigen Haltung sind wir auf das Wohlergehen aller ausgerichtet und haben den tiefen Wunsch, alle Wesen mögen glücklich sein. Diese Haltung ist von tiefer Dankbarkeit getragen, hier auf dieser schönen Erde am Leben zu sein, dankbar für die Fülle, die uns umgibt, dankbar für die grenzenlose Liebe.

Mitgefühl

Der Welt fehlt es an Mitgefühl. Das Fühlen stört im Getriebe und wird deshalb häufig unter den Tisch gekehrt. Im gesellschaftlichen Leben ebenso wie in den Sphären der Wirtschaft wird dem Fühlen kaum Raum gewährt, irritiert es doch die altbewährten Strukturen, und zur Profitmaximierung trägt es schon gleich gar nicht bei. So sind alle bemüht, »Haltung« zu bewahren. Selbst beim Genuss erhabener Musik, die uns tief berührt, werden allenfalls verstohlen Tränen weggewischt, um in der Menge unbemerkt zu bleiben. Allein über das Fühlen kommen wir in Kontakt mit uns selbst und damit in Verbindung zu anderen. Der kühle, logische Verstand lässt das Mitgefühl nicht zu. Die bewusste Hinwendung zum eigenen Herzen, die Entscheidung, sich von der weiblichen Intuition führen zu lassen, lässt den ewig zweifelnden Verstand hinter sich. Nur das bringt uns einander näher.

Das Miteinander beruht auf dem tiefen Gefühl der Zuneigung, und die Blüte dieser Liebe ist das Mitgefühl. Im Mitgefühl grenzen wir niemanden aus, im Mitgefühl sehen wir die Situation, die jemanden auf diese Weise handeln lässt, im großen Zusammenhang. Wir beziehen Stellung, aber wir verurteilen den anderen nicht. Wir nehmen ihn an, mit allem, was ihn ausmacht. Diese Annahme ist Mitgefühl, denn diese bedingungslose Annahme ist die allumfassende Liebe, die wir sind; und diese Liebe heilt. Die Grundlage des Mitgefühls ist die Fähigkeit, sich mit den eigenen Gefühlen zu verbinden und für das eigene Wohlergehen zu sorgen. Wir entwickeln Fürsorge für uns selbst und achten auf unser Energiesystem.

Schale der Liebe

Wenn du vernünftig bist, erweise dich als Schale,
nicht als Kanal, der fast gleichzeitig empfängt und weitergibt,
während jene, die Schale, wartet bis sie gefüllt ist.
Auf diese Weise gibt sie das, was bei ihr überfließt,
ohne eigenen Schaden weiter.
Lerne auch du, nur aus der Fülle auszugießen,
und habe nicht den Wunsch freigiebiger als GottIn zu sein.*
Die Schale ahmt die Quelle nach.
Erst wenn sie mit Wasser gesättigt ist, strömt sie zum Fluss.
Tue das Gleiche! Zuerst anfüllen, dann ausgießen.
Die gütige und kluge Liebe ist gewohnt überzuströmen,
nicht auszuströmen.
Ich möchte nicht reich werden, während du dabei leer wirst.
Wenn du nämlich mit dir schlecht umgehst, wem bist du dann gut?
Wenn du kannst, hilf mir aus deiner Fülle; wenn nicht, schone dich.

Bernard v. Clairvaux

* ursprünglicher Begriff von mir geändert (Eva-Maria Zander)

Vergebung
Die größte Herausforderung bedeutet, uns selbst zu vergeben. Mit uns selbst gehen wir am härtesten ins Gericht, gnadenlos rekapitulieren wir die Vorgänge. Wir verharren in Selbstvorwürfen, dass wir doch anders hätten handeln können, und dann hätte alles einen ganz anderen Ausgang genommen. Es ist schwer für uns, anzunehmen, dass wir in der betreffenden Situation nicht anders handeln konnten. Jetzt haben wir daraus gelernt und haben die Möglichkeit, es nächstes Mal zu berücksichtigen. Das ist der Lernprozess. Nach und nach machen wir uns die Zusammenhänge bewusst, die uns immer wieder dazu veranlassen, aus der Vergangenheit stammenden Handlungsmustern zu folgen.

Auf diesem Weg ist das Mitgefühl für uns selbst unabdingbar wichtig. Wir nehmen uns Zeit, uns zu trösten, wir sagen uns das, was wir einer anderen Person in der gleichen Situation sagen würden. Wir schließen uns mit viel Selbstmitgefühl in unser eigenes Herz. Es ist schön, wenn jemand anderes uns zur Seite steht. Aber oft können wir diese Hilfe nicht annehmen; zu sehr verurteilen wir uns. Deshalb ist der Weg über das Selbstmitgefühl so wichtig. Vergebung führt zu Versöhnung. Wir beschweren uns nicht mehr mit altem Gepäck und legen es ab. In schwierigen Situationen fällt uns das besonders schwer, und wir meinen, anderen nicht vergeben zu können. Diese Haltung führt aber dazu, dass wir von der Situation nicht loskommen. Wir tragen so schwer daran, dass sie uns letztlich krankmacht. Der Prozess der Vergebung kann erst zum Tragen kommen, nachdem wir das Ganze vollkommen angenommen haben. Solange wir gegen die Situation ankämpfen, können wir nicht zugleich vergeben. Mitgefühl gegenüber uns selbst wiederum ist zu jeder Zeit möglich. Das lässt die Verhärtung um unser Herz schmelzen und uns allmählich wieder weich werden.

Weiblich heißt *Sein*

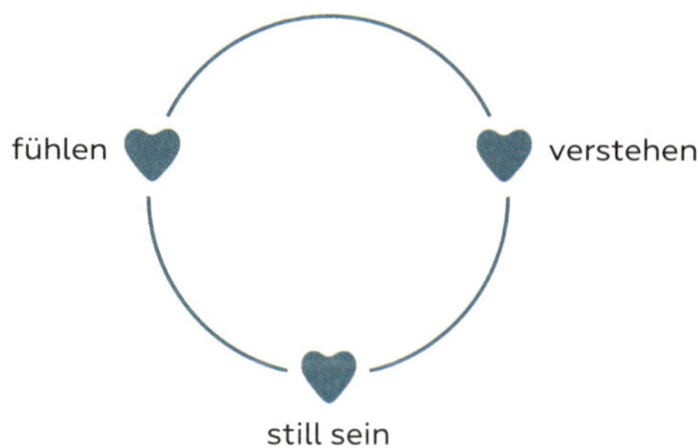

Unser Bewusstsein bestimmt unser *Sein*. Wir richten uns aus auf die Schönheit der Liebe, die wir sind, und vertrauen uns ihrer Macht an. Wir nähren dieses Daseins-Glück und ziehen unsere Aufmerksamkeit ab von der Polarität des Verstandesdenkens, das Unverbundenheit zur Folge hat. Unser Fokus liegt im »Still-Sein« und Horchen, was das Herz uns rät. Wir »fühlen« uns ein in die Situation und werden ihr dadurch in ihrer Tiefendimension gewahr. Daraus erwächst unser »Verstehen«, und erst daraus erfolgt unser Tun oder auch Nicht-Tun.

Glücklich und frei zu sein, ist unser Geburtsrecht. Wenn wir es nicht mehr sind, haben wir irgendwann, in der Regel in der Kindheit, eingewilligt, uns zu begrenzen. Diese Zugeständnisse, aus Angst, anders nicht zu überleben, unserem Persönlichkeits-Selbst erteilt, gilt es jetzt zurückzunehmen. Wir sind friedliche, mitfühlende, freundliche, liebende Wesen. Das ist unser *Sein*; das gilt es jetzt zu leben. Der oben gezeigte Kreislauf hilft, uns immer wieder auf unser *Selbst* zu besinnen und destruktiven Gedanken und Gefühlen den Nährboden zu entziehen.

Wir begegnen nicht vielen Menschen, die hier von Herzen glücklich leben. Diejenigen, die es sind, haben diesen Weg beschritten und können als Vorbild dienen. Glück hängt nicht von den äußeren Bedingungen ab, sondern von unserem Bewusstsein. Viele Menschen haben nicht die Möglichkeit, sich mit diesen Gedanken auseinanderzusetzen, allzu sehr sind sie damit beschäftigt, für ihre Existenzgrundlage zu sorgen. Der Wandel, der jetzt ansteht, ist ein Wandel hin zur Menschlichkeit. Es geht nicht um Profitvermehrung auf Kosten vieler, die hart dafür arbeiten und trotzdem am Limit leben. Es geht um ein ganz neues Miteinander.

Die alten Systeme haben ausgedient. Betrug und Täuschung kommen jetzt ans Licht. Wir ordnen uns neu. Dafür bedarf es Mut und Ideen. Wir werden viel zu tun haben, die Folgen des »Immer-Mehr-und-immer-Schneller« aufzufangen. Als Menschheit gemeinsam sind wir nun an diesem Punkt angelangt. Es gilt, zusammen auszusteigen aus dem Gegeneinander und uns zu unserem Bewusstsein der Einheit zu bekennen. Wer sich diesem Wandel nicht öffnet, wird mit dem Alten, das gehen muss und wird, kollidieren. Jeder hat die Wahl, sich jetzt bewusst für das liebevolle Miteinander zu entscheiden. Jeder Mensch möchte das Gute leben, das er in sich fühlt. Alles andere ist verstörend und zerstörend. Wir werden die Kraft und die Macht der Liebe erfahren, der nichts aber auch gar nichts entgegenzusetzen ist. Das ist die gute Botschaft! Setzen wir gemeinsam auf die Liebe – auf unser *In-der-Liebe-Sein*.

Unseren Kindern den Weg ebnen

Kinder sind unsere wirklichen Lehrer.
Lerne, ihnen zuzuhören.
Sie erzählen dir von der Schönheit
und der Sorglosigkeit,
die du nur im
gegenwärtigen Moment wiederfindest.

Tibetische Weisheit

Was wollen wir denn vor anderen verstecken? Die Gefühle der Wut, Trauer, Eifersucht, der Scham und Schuld sind universell. Jedem Menschen ist aufgetragen, diese Gefühle in sich zu transformieren. Warum zeigen wir uns nicht offen und verletzlich, mit dem was uns ausmacht, und kommen uns auf diese Weise nah? Wir werden erst offen und zutiefst menschlich, wenn wir den Mut haben, uns zu zeigen. Die

Nachkriegsgeneration hat schwer an der Scham getragen, die sich im Schweigen verbarg. Indem wir uns für diesen inneren Erfahrungs-Lern-Prozess öffnen, ebnet dies unseren Kindern den Weg in ihre Zukunft.

Kinder sind uns ein wichtiger Spiegel, denn sie zeigen uns durch ihr Verhalten, was bei uns selbst im Unbewussten liegt. Statt ihren Gefühlen Einhalt zu gebieten, ist es so immens wichtig, sie zum Beispiel ihre Wut ausleben zu lassen. Natürlich müssen wir als Eltern Grenzen setzen, aber wir können ruhig mit den Kindern sprechen und sie wissen lassen: Es ist in Ordnung, wütend zu sein. Unterbinden wir solche Gefühlsäußerungen, versperren wir unseren Kindern den Zugang zu ihrer Gefühlswelt, genauso, wie einst mit uns selbst verfahren wurde. Es ist ein großer Schmerz zu sehen, womit wir unsere Kinder belastet haben, weil wir uns dessen selbst noch nicht bewusst waren.

Ich bin einen langen Weg gegangen zu meiner Freiheit und dem damit verbundenen inneren Frieden. Dafür bin ich tief eingetaucht in mein persönliches ebenso wie in das kollektive Leiden. Schon als Kind hatte ich mich gefragt, ob die Menschen hier überhaupt glücklich sind, und ich beobachtete, dass sie es nicht waren. Jetzt sage ich: Glück und Freiheit sind möglich, sie sind erlernbar. Dafür ist es wichtig zu erkennen, dass Glück und Leiden keine feststehenden Größen, sondern eine Frage des Bewusstseins sind. Leiden ist eine Täuschung, die uns gefangenhält. Die Aufgabe besteht darin, aus dieser Illusion zu erwachen und hineinzuwachsen in ein menschliches Miteinander.

Meine Vision ist, dass unsere Kinder in eine andere Realität hineingeboren werden:

Die zentrale Säule unseres Zusammenlebens ist der Erfahrungs-Lern-Prozess, so dass jede Person sich zu Glück, Freiheit und innerem Frieden hin entwickeln kann. Im Bewusstsein des lebenslangen Lernens nehmen wir kostenlose Begleitungsangebote wahr, um uns selbst immer näherzukommen. Das gehört ganz natürlich dazu in unserem Leben, und jeder von uns zieht seinen Nutzen daraus und damit die ganze Gemeinschaft.

Unser Zusammenleben ist geprägt von gegenseitigem Wohlwollen. Jede Person weiß um die Verantwortung, die aus der Verbundenheit erwächst und bringt sich mit Freude ein.

Wir organisieren uns in lokalen Gemeinschaften, jedes Mitglied ist gleichberechtigt und beteiligt sich am demokratischen Geschehen. In jeder Gemeinde wirken Personen mit, die bereits die Güte ihres Herzens leben. Nur Menschen, die keinerlei Interesse mehr an Macht und Geld haben, sind in größeren Kreisen an der Gestaltung des Zusammenlebens in unserem Land beteiligt. Das sich gegenseitig bekämpfende Parteiensystem gehört der Vergangenheit an.

Arztbesuche und Klinikaufenthalte sind kostenlos. Die Homöopathie steht gleichberechtigt neben der Schulmedizin.

Unser Schulwesen wird vollkommen erneuert. Wir gestalten Gebäude und Außenflächen zu Lern- und Erfahrungsräumen. Den Kindern werden Lernangebote gemacht, sie dürfen aber auch ihren eigenen Fragen nachgehen, die sie mit in die Schule bringen. Jedes Kind wächst in einer Atmosphäre auf, in der es sich nur mit sich selbst vergleicht. Bewertung und Benotung sind Schnee von gestern.

Sportliche Wettkämpfe werden nicht auf Verlierer und Gewinner ausgerichtet, sondern sie sind einfach ein Kräftemessen aus Freude an der Bewegung. Auch stehen Kindern Personen zur Seite, wenn sie Unterstützung bei inneren Prozessen brauchen.

In der Schule geht es darum, Kinder so zu begleiten, dass sie ihr inneres Potential mehr und mehr finden und es leben können. Es gibt viele Kleingruppen; personell und in der Ausstattung werden die Schulen stets den Erfordernissen angepasst. Die Erfahrung der Stille ist ein wiederkehrender Bestandteil des Schullebens.

Lehrkräfte sind in ihrer inneren Haltung geschult und leben Gleichmut, nicht zu verwechseln mit Gleichgültigkeit. Sie strahlen Glück und Freude aus, die sie in sich kultiviert haben. Die Lust und die Freude am Lernen stehen im Vordergrund.

Alle Fachrichtungen sind gleich wertvoll, Musik ebenso wie Mathematik. Es gibt den Unterschied von autoritär sein oder eine Autorität sein. Lehrer sind Letzteres und sich bewusst, dass jeder Lernprozess ein gegenseitiges Geben und Nehmen ist, aus dem alle ihren Nutzen ziehen.

Wir wachsen zu einer Gemeinschaft zusammen, in der es nicht darum geht, immer schneller immer mehr haben zu wollen. Vielmehr fokussieren wir uns umgekehrt darauf, was jeder geben kann. Wer glücklich ist, braucht keine Reichtümer, es geht um die Existenzgrundlage, auf deren Basis wir gesund und harmonisch zusammenleben können.

Da niemand mehr ein Interesse hat an Kriegen und feindlichen Auseinandersetzungen, brauchen wir keine Rüstung mehr und kommen zu konstruktiven Lösungen, das ganze Material zu entsorgen. Es ist ein Quantensprung der Menschheit ins Herz und damit zu einem Miteinander mit der großen Menschheitsfamilie.

Wir ehren und achten das Tier-, Pflanzen- und Mineralreich, denn wir wissen, dass nichts von uns getrennt existiert. Aufgrund unseres innewohnenden allumfassenden Geistes sind wir in der Lage, auf allen Ebenen mit allem zu kommunizieren.

Alles ist auf Nachhaltigkeit und Schonung der Ressourcen ausgerichtet. Wir sind geniale Erfinder und lassen uns etwas Neues einfallen, hier im Einklang mit allem zu leben.

Spiritualität gehört ganz natürlich zum Rhythmus unseres Lebens dazu. Wir achten die universellen Prinzipien und Gesetze.

Da alles von unserer Liebe gespeist wird, blüht unser Leben auf, und wir genießen es von Moment zu Moment in vollen Zügen. Wir haben mehr und mehr verlernt, was es heißt, zu leiden. Glück ist unser ganz natürliches Empfinden.

Bei all dem lohnt es, einen Blick nach Bhutan zu werfen und uns von dem kleinen tibetischen Himalaya-Staat inspirieren zu lassen. Der Leitspruch dort: »Bruttonationalglück ist wichtiger als Bruttoinlandsprodukt«.

Uns allen ist hier etwas ganz anderes möglich. Wir müssen uns nur dafür entscheiden und unseren Willen bewusst in diese Richtung lenken. Es ist die Abkehr von Trennung und Spaltung des dualen Bewusstseins, hin zu unserem inneren Frieden und damit auch hin zum Frieden unserer Welt. *Selbst*-Bestimmung bedeutet, dass alles, was uns von unserem souveränen *Selbst*, unserem Glücklich-Sein trennt, die Macht über uns entzogen wird.

Statt von Angst bestimmt zu sein, entscheiden wir uns für den Mut zur Liebe und für Mitgefühl, sei es uns selbst gegenüber, sei es gegenüber anderen. Wir werden das nicht morgen verwirklichen und nicht übermorgen, aber schon heute können wir uns verbindlich dafür entscheiden, diese Liebe und Freiheit in der Verantwortung der Verbundenheit zu leben. Wir nähren damit die Lust und Freude, am Leben zu sein und unseren Anteil am groß angelegten Wandel zu leisten und zum Ausdruck bringen zu dürfen.

Tränenmeer

Ein Buch segelt
auf den Wellen
unbeeindruckt
von Sturm und Seegang

In sich ruhend
mit seiner Botschaft
universell und
zutiefst persönlich

Sie ist für dich

Das Tränenmeer wird
zum azurblauen Ozean
Das Buch unter vollen Segeln
nimmt Fahrt auf

Es kommt an
bei dir selbst

Epilog/Fazit

Aufstehen in der Weiblichkeit ist die gemeinsame Ausrichtung von uns, Frauen wie Männern, auf die Verbundenheit unseres Daseins. Es ist ein Erinnern dessen, was wir in unserer Essenz sind: Liebe, Freiheit und Mitgefühl. Frauen und Männer entscheiden sich, dieses Einheitsbewusstsein zu leben und entziehen jeglicher Trennung und Spaltung den Nährboden. Es ist eine Abkehr vom angstgeprägten, machtorientierten Verstandesbewusstsein, nach dem ein jeder hier unabhängig von allen anderen existiert und ganz allein aus sich selbst heraus.

Die Neuausrichtung ist ein Erwachen aus der Illusion, irgendjemand oder irgendetwas sei wertvoller als man selbst. Jegliche Überhebung und Unterordnung entfällt. Wir spüren alles in unserem Inneren auf, was uns in der Fremdbestimmung gefangenhält. Nur wer der alleinigen Führung aus der Intuition heraus folgt, wird die Souveränität über sein eigenes Denken und Handeln zurückgewinnen. Alles enthält das gleiche vollkommene umfassende freie Bewusstsein, und aus dieser Weisheit des Herzens heraus helfen und unterstützen wir uns gegenseitig. Auf dem Weg in die *Selbst*-Bestimmung erfahren wir, welche Konditionierungen persönlicher und kollektiver Art uns gefangenhalten, und wir lösen sie Schritt für Schritt. Es ist ein Miteinander, das auf Verständnis und Mitgefühl beruht.

Wir entwickeln eine ganz natürliche Autorität durch individuelle Fähigkeiten, die wir teilen. Wir sind uns bewusst, dass wir eine Quelle unablässig sprudelnder Liebe sind, und leben aus der inneren Freude heraus. Wir helfen anderen, die das für sich noch nicht leben und sich inspirieren lassen wollen. Jeder von uns sucht sich seinen persönlichen Platz im Leben, ohne sich von anderen in eine bestimmte Richtung drängen zu lassen. Es sind Frauen und Männer, die den Mut haben, sich selbst treu zu bleiben, und authentisch sind.

Es gibt etwas anderes, als das, was wir bisher gelebt haben. Unser Glücklichsein in Freiheit und Verantwortung ist unser Geburtsrecht. Jeder hat die Aufgabe, es für sich selbst zu verwirklichen, und dabei können wir uns helfend die Hand reichen. Wir geben unserem Leben einen Sinn und erfahren unsere *Selbst*wirksamkeit. Wir ermächtigen unser *Selbst* und leben die Schönheit unserer Liebe. Nicht nur unser Leben erfährt ein Aufblühen, auch das kollektive Bewusstsein ändert sich auf diese Weise.

Die Kraft der Liebe ist so machtvoll, dass jede und jeder, die sich zum Einheitsbewusstsein bekennt und dieses zum Ausdruck bringt, in nicht zu beschreibenden Ausmaß zum Wohle aller beiträgt.

Bisher sind wir aufeinander losgegangen oder haben uns selbst bestraft, was letztlich dem Trennungsbewusstsein geschuldet ist. Stattdessen brauchen wir Mitgefühl mit uns selbst. Das können wir dann auch für andere empfinden. Für den Quantensprung der Menschheit ins eigene Herz und damit in den einen, alles umfassenden Rhythmus unseres Seins, besteht jetzt die große Chance.

Spiritualität und Wissenschaft, Geist und Materie, weibliche und männliche Aspekte des Lebens sind eins. Der Mensch ist die Verbindung von allem und wird sich dessen zusehends selbst bewusst. Der Frieden im eigenen Inneren bereitet den Frieden in der Welt.

Es ist uns möglich, unser Leben und das Leben auf der Erde wieder erblühen zu lassen. Dieses zufriedene in sich ruhende Sein ist das zutiefst Weibliche, auf das wir uns zubewegen.

Literaturverzeichnis

Bourbeau, L. (2020). Dein Körper sagt: »Liebe dich!«. Die metaphysische Bedeutung von über 500 Gesundheitsproblemen mit ihren emotionalen, mentalen und sprirituellen Ursachen. Aitrang: Windpferd.

Dalai Lama. (2015). Der Apell des Dalai Lama an die Welt mit Franz Alt. Ethik ist wichtiger als Religion. Wals bei Salzburg: Benevento Publishing.

Dethlefsen, T. (1983). Krankheit als Weg. München: Berthelsmann.

Dethlefsen, T. (1979). Schicksal als Chance. Das Urwissen zur Vollkommenheit des Menschen. München: Goldmann.

Dr. Ha Vinh Tho, (2014). Das Grundrecht auf Glück. Bhutans Vorbild für ein gelingendes Miteinander. Stuttgart: Nymphenburger.

Germer, Ch. (2015). Der achtsame Weg zum Selbstmitgefühl. Wie man sich von destruktiven Gedanken und Gefühlen befreit. Freiburg: Arbor Verlag.

Lama Thubten Yesche, (1998). Die Grüne Tara. Weibliche Weisheit. München: Diamant Verlag.

McErlane, Sh. (2020). Selbstermächtigung. Die Offenbarung des zutiefst Weiblichen. Die Lehren der Großmütter. Saarbrücken: Neue Erde.

McErlane, Sh. (2021). Unsere Liebe ist unsere Macht. Mit dem Lichtnetz arbeiten. Die Lehren der Großmütter Band 2. Saarbrücken: Neue Erde.

Millman, D. (1999). Die Lebenszahl als Lebensweg. Wie wir unsere Lebensbestimmung erkennen und erfüllen können. München: Ansata.

OttigerAmmann, A. (2008). Vom ewig beginnenden Ende. Eine Entdeckungsreise in die multidimensionalen Ebenen der dualen Welt. Schweiz: AnOAeigenverlag

Osho, (2018). Das Chakra Buch. Energie und Heilkraft der feinstofflichen Körper. Köln: Innenwelt.

Osho, (2002). Liebe, Freiheit, Alleinsein. München: Goldmann.

Osho, (2019). Tantra. Die höchste Einsicht. Kommentare zum Tantra des tibetischen Buddhismus. Zürich: Innenwelt.

Richardsen, D. (2012). Zeit für Weiblichkeit. Der tantrische Orgasmus der Frau. Köln: Innenwelt.

Sharamon, S. und Baginski, B. (1991). Das Chakra-Handbuch. Vom grundlegenden Verständnis zur praktischen Anwendung. Aitrang: Windpferd.

Shozo Kajima, (2016). Motomenai – Ohne Verlangen. Saarbrücken: Neue Erde.

Shunryu Suzuki, (1975). Zen-Geist Anfänger-Geist. Berlin: Theseus.

Thich Nhat Hanh, (2010). Du bist ein Geschenk für die Welt. Achtsam leben jeden Tag. Ein Begleiter für alle Wochen des Jahres. Krugzell: Kösel.

Thich Nhat Hanh, (2014). achtsam sprechen achtsam zuhören. Die Kunst der bewussten Kommunikation. München: Barth

Villoldo, A. (2001). Das geheime Wissen der Schamanen. Wie wir uns selbst und andere mit Energiemedizin heilen können. München: Goldmann.

Von Rohr, W. (2018). Kuan Yin. Die Göttin der gütigen Liebe. Darmstadt: Schirner.

Internet-Dokument

Science.ORF.at.(25.02.2121). Erdmagnetfeld: Polwanderung verändert das Weltklima.

Danksagung

Mein Dank gilt dem Leben *selbst*, all den Menschen und Situationen, die mich haben lernen und wachsen lassen.

Ganz herzlich bedanke ich mich bei meiner Lektorin Dr. Erna R. Fanger für Kompetenz, Feinfühligkeit, Verstehen und Verständnis, Berührtheit und den wunderbaren Feinschliff (www.schreibfertig.com).

Auch meinem Verleger Andreas Lentz danke ich von ganzem Herzen, dass er sich, nach seinen Worten, vom Bauchgefühl hat leiten lassen und meinem Buch so schnell und spontan die Zusage erteilt hat (www.neue-erde.de).

Herzlich bedanke ich mich bei Susanne Hansen (www.hilgra.de), dass sie es so meisterlich verstand, meine rudimentären Zeichnungen in eine so schöne Form zu bringen.

Ganz besonders danke ich meinen Kindern, dass sie mir so deutlich den Spiegel vorgehalten haben.

Auch meiner Familie, meinen Eltern, gilt mein aufrichtiger Dank. Ich spüre jetzt meine Ahnen in einer langen Reihe kraftvoll hinter mir.

Wichtige und kompetente Unterstützung fand ich bei Rita und Helmut Maier in Berlin Falckensee (www.heilpraxismaier.de). So konnten auch tief verborgene Themen ans Licht gebracht und erlöst werden.

Auch danke ich Agnieszka Malkinska für die tantrische Inspiration des Weiblichen (www.in-the-name-of-love.com).

Alles hängt miteinander zusammen, alles bedingt sich gegenseitig, und vor allem ist von allen Seiten Unterstützung möglich. So danke ich ganz besonders den Bachblüten und Orchideenessenzen. Sie haben mich vortrefflich begleitet und mir in wunderbarer Weise geholfen (www.flowerenergies.com und www.healingorchids.de).

Meinen Dank und meine Wertschätzung spreche ich mir auch selbst ganz persönlich aus, dafür, dass ich diesen Weg so unerschrocken und beharrlich verfolgt habe.

Nicht zu vergessen sind meine Erfahrungen mit dem von mir so geliebten Tango, einem so tief spirituellen Tanz.

Über die Autorin

Die Autorin hat den größten Teil ihres Lebens in Schleswig-Holstein am Meer verbracht, lebt jetzt in Potsdam und hat sich aus dem aktiven Berufsleben zurückgezogen. Es ist ihr erstes Buch.

Beruflich in der Arbeit mit Kindern engagiert, machte sie sich nach 25-jähriger Tätigkeit als Sonderschullehrerin und Sprachheilpädagogin mit einer Praxis für Sprachheil- und Lernpädagogik, Logopädie und Ergotherapie selbständig. Das Institut unter dem damaligen Namen Jahn umfasste die gezielte Diagnose, Beratung und Förderung der Sprache, Motorik und der schulischen Fähigkeiten und Fertigkeiten sowie die Persönlichkeitsstärkung und Begleitung hochbegabter Kinder.

2005 wurde die Autorin für ihr Konzept »Selbstvertrauen für Kinder« mit dem Beate Uhse Unternehmerinnenpreis ausgezeichnet. Mit Eltern ihres Instituts gründete sie den »Freundeskreis Institut Jahn e.V.«, der es sich zum Ziel setzte, Kindern aus finanzschwachen Familien die gleiche Chance auf Bildung zukommen zu lassen wie anderen Kindern. Sie organisierte zwei Benefizkonzerte unter der Schirmherrschaft des damaligen Innenministers Schleswig-Holsteins Lothar Hay. Die Arbeit des Praxisteams war ausgerichtet auf die persönlichen Stärken der Kinder, weg vom Fokus auf »Defizite«, das machte den Erfolg aus und brachte das persönliche Potential des einzelnen Kindes zum Vorschein. Die Rückschau auf den Ballast der Vergangenheit diente nur der Diagnose, danach galt es einen positiven Zukunftsweg für das Kind aufzuzeigen und zu beschreiten. Mit einem Lehrauftrag an der Universität Flensburg führte die Autorin auch LehramtsanwärterInnen in diese Arbeitsweise ein.

Mit dem Kursprogramm »Selbstmitgefühl am Meer« begleitete sie als zertifizierte Lehrerin für Achtsames Selbstmitgefühl Erwachsene bei der nachhaltigen Steigerung ihrer Lebensqualität.

Auf der webside www.evamariazander.de gibt es weitere Informationen zum Thema und geführte, von der Autorin gesprochene Reisen in die Stille, weiblich geprägt.

Die Macht des Lebens erneuern

Anknüpfend an so bahnbrechende Matrarchiatsforscherinnen wie Heide Göttner-Abendroth und Marija Gimbutas bietet dieses Buch nicht nur einen Rückblick auf Jahrzehntausende der Verehrung der Großen Mutter als Urquell allen Lebens, sondern es zeigt auf, wie die mütterlich gedeihlichen Prinzipien des Matriarchats uns einen Weg aus den Verwüstungen des patriarchalen Zeitalters weisen können.

Lothar Beck
Die Weisheit der Mütter
Heilsame Impulse aus dem Matriarchat
Paperback, 272 Seiten
ISBN 978-3-89060-715-3

Lernen ist ein natürlicher Antrieb des Menschen

Ein Kind ist begierig zu lernen, wenn wir sein Potential sehen und fördern, es seinen Rhythmus leben und seinen Interessen folgen lassen. So ist dieses Buch nicht nur eine grundlegende Kritik an der heutigen Schule, sondern auch eine Aufforderung, die Freiräume des Bildungssystems zu nutzen, um bloße Wissensvermittlung zu einem echten Lernen mit Verstand und mit Herz zu machen.

Andrea Stadler
Macht Schule dumm?
Ein Plädoyer für kindgerechtes Lernen
Broschur, 192 Seiten
ISBN 978-3-89060-745-0

Der Weg zum wahren Frau-Sein

Der Weg der Kriegerin, den Dorit Stövhase-Klaunig in ihrem dritten Buch beschreibt, geht nicht gegen einen äußeren Feind. Denn dieser ist immer nur eine Projektion aus dem eigenen Inneren. Deshalb geht es hier um die Auseinandersetzung auf dem inneren »Schlachtfeld« und letztlich um die Befriedung des eigenen Körperlandes. Dies ist eine reflektierende Reise durch schmerzliche persönliche und kollektive Erfahrungen zu einem inneren Frieden, der ausstrahlend größere Wirkkreise ziehen kann.

Dorit Stövhase-Klaunig
Die Kriegerin
Die Frau, die mit dem Feuer tanzt
Paperback, 112 Seiten
ISBN 978-3-89060-713-9

»Wenn die Weisheit der Großmütter vernommen wird, wird die Welt heilen.«
Dieses Buch erzählt von schamanischen Reisen zum »Großen Rat der Großmütter« und vermittelt ihre Lehren. Es möchte die Frau wieder in ihre eigene Macht führen, die so ganz anders ist als männliche Macht. Auch die Männer leiden, wenn Yin und Yang nicht im Gleichgewicht sind.

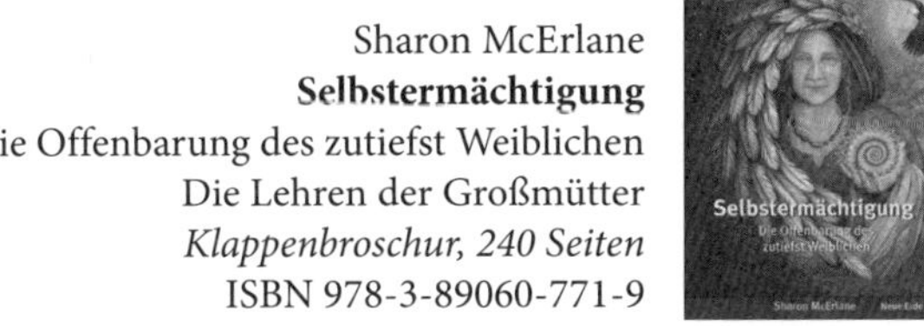

Sharon McErlane
Selbstermächtigung
Die Offenbarung des zutiefst Weiblichen
Die Lehren der Großmütter
Klappenbroschur, 240 Seiten
ISBN 978-3-89060-771-9

Die Macht der Frau ist ihr Sein
Die Großmütter sind gekommen, um durch die Frauen das Yin auf der Erde wieder starkzumachen. In diesem Buch schreibt Sharon McErlane von vielen weiteren Begegnungen mit den Großmüttern und ihren Unterweisungen und von der Arbeit mit den zahlreichen Frauen, die inzwischen auf der ganzen Welt das Lichtnetz wirken.

Sharon McErlane
Unsere Liebe ist unsere Macht
Mit dem Lichtnetz arbeiten
Die Lehren der Großmütter 2
Klappenbroschur, 368 Seiten
ISBN 978-3-89060-777-1

Die nährende und haltende Kraft des Lichtnetzes
In diesem dritten Band mit der Botschaft der Großmütter steigen wir noch tiefer ein in die Arbeit mit dem Lichtnetz. Sharon McErlane hat viele neue ermutigende und aufrüttelnde Botschaften in diesem Buch mit ihren Erfahrungen in der Arbeit mit den Großmüttergruppen in aller Welt zu einem fesselnden Stoff gewirkt. Es bleibt nicht ohne Wirkung, mit dem Lichtnetz zu arbeiten, wie es schon viele Frauen – und auch Männer – erfahren haben.

Sharon McErlane
Das Lichtnetz wirken
…das uns halten wird in diesen Zeiten des Umbruchs
Die Lehren der Großmütter 3
Klappenbroschur, 256 Seiten
ISBN 978-3-89060-783-2

Hier kann man sich zum **Neue Erde-Newsletter** anmelden:
newsletter.neueerde.de/anmeldung

NEUE ERDE im Buchhandel

Neue Erde ist ein kleiner unabhängiger Verlag, und der unabhängige Buchhandel ist unser natürlicher Partner. Wir unterstützen die Initiative »buy local«.

Sollte es Lieferschwierigkeiten bei den Büchern von NEUE ERDE geben, lassen Sie immer im VLB (Verzeichnis lieferbarer Bücher) nachsehen, im Internet unter **www.buchhandel.de**

Alle lieferbaren Titel des Verlags sind für den Buchhandel verfügbar.

Sie finden unsere Bücher auch auf unserer Homepage **www.neue-erde.de** oder in unserem Gesamtverzeichnis, welches Sie gerne hier anfordern können:

NEUE ERDE GmbH
Cecilienstr. 29 · 66111 Saarbrücken
info@neue-erde.de